Zweisprachige Kindererziehung

Bernd Kielhöfer / Sylvie Jonekeit

Zweisprachige Kindererziehung

Elfte Auflage

STAUFFENBURG
VERLAG

Mit Zeichnungen von Jan-Michel Henrion

Bibliografische Information der Deutschen Nationalbibliothek

Die Deutsche Nationalbibliothek verzeichnet diese Publikation in der Deutschen Nationalbibliografie; detaillierte bibliografische Daten sind im Internet über <http://dnb.ddb.de> abrufbar.

1. Auflage 1983
9., aktualisierte und erweiterte Auflage 1995
10. Auflage 1998
11. Auflage 2002
Unveränderter Nachdruck 2006

Postfach 25 25 · D-72015 Tübingen
www.stauffenburg.de

Gedruckt auf säurefreiem und alterungsbeständigem Papier.
Printed in Germany

ISBN 978-3-923721-05-4

Inhaltsverzeichnis

Vorwort

Das Problem – oder die Chance – einer zweisprachigen Kindererziehung stellt sich in Deutschland immer häufiger. Sprachliche „Mischehen," Einwanderung von Ausländern nach Deutschland, längere Aufenthalte von Deutschen im Ausland führen zu Situationen, in denen Eltern sich fragen, ob sie ihre Kinder zweisprachig erziehen sollen oder nicht.

Wir haben mit vielen dieser Eltern gesprochen, wir haben Unsicherheit, Ängste, viele Vorurteile und auch Illusionen angetroffen. Wir wurden auch mit konkreten Fragen konfrontiert: „Wie machen wir eine zweisprachige Erziehung, wie läuft das ab, welche Probleme treten auf?" Eindeutige Antworten auf solche Fragen sind nicht möglich, denn jeder Fall von Zweisprachigkeit ist ein besonderer Fall, aber dennoch sind in den meisten Fällen einige Konstanten – positive und manchmal auch negative – erkennbar. Diese Konstanten wollen wir hier darstellen. Vielleicht können wir dadurch helfen, Fragen zur zweisprachigen Kindererziehung zu beantworten. Dieses Buch soll vor allem ein praktisches Buch sein, wir haben es darum bewußt vom wissenschaftlichen „Apparat" freigehalten und auch Vereinfachungen vorgenommen. Dennoch sollen die Informationen als „Ratgeber" zuverlässig und genau sein. Die Verfasser haben eine positive Grundeinstellung zur Zweisprachigkeitserziehung. Sie kennzeichnet dieses Buch, sollte aber die Informationen nicht verfälschen.

Im Vordergrund steht die Zweisprachigkeitserziehung in einer sprachlichen „Mischehe". Wir haben speziell diese Form der Erziehung herausgestellt, da wir sie besonders gut dokumentieren können und als günstige Voraussetzung für das Gelingen zweisprachiger Erziehung ansehen.

Die Verfasser führen selbst sprachliche „Mischehen" und haben ihre Kinder zweisprachig erzogen. Sylvie Jonekeit ist Französin und mit einem Deutschen verheiratet, Bernd Kielhöfer ist Deutscher und mit einer Französin verheiratet, die Kinder sind in Deutschland aufgewachsen. Eigene Erfahrungen bilden den konkreten Hintergrund für dieses Buch.

Das Buch behandelt also den Fall deutsch-französischer Zweisprachigkeit, einen privilegierten Fall, welcher aber in einem gewissen Ausmaß übertragbar ist auf „Paarungen" zwischen anderen europäischen Kultursprachen. Eine Übertragung auf weitere Verbindungen – etwa die deutsch-türkische – ist jedoch problematischer, weil hier die sprachlichen Fragen von sozialen Problemen überlagert werden.

Sylvie Jonekeit hat die zweisprachige Erziehung und Entwicklung ihrer Söhne Olivier und Jens über fünf Jahre beobachtet und in einer Fallstudie dokumentiert. Diese Fallstudie bildet den „roten Faden" dieses Buches und soll illustrieren, wie zweisprachige Erziehung vor sich gehen kann, sie soll aber kein Erziehungsvorbild sein. Außerdem haben wir versucht, aus unseren eigenen Erfahrungen, aus den Erfahrungen vieler Fälle in unserer Umgebung, aus den in der Fachliteratur publizierten Fallstudien und aus der sehr umfangreichen und zugleich kontroversen Literatur zur Zweisprachigkeit die konstanten Phänomene zweisprachiger Kindererziehung herauszuziehen. Wir fassen diese Konstanten in kleinen Artikeln zu Schlüsselbegriffen der Zweisprachigkeit zusammen. Diese **Schlüsselbegriffe** sind in die konkrete Fallstudie über Olivier und Jens eingebettet, so daß das Besondere dieses Falles mit allgemeineren Erkenntnissen über die Zweisprachigkeit verknüpft wird.

Sylvie Jonekeit / Bernd Kielhöfer
Berlin, Februar 1983

Vorwort zur 9. Auflage

Nach 10 Jahren ist die Zeit für eine revidierte Neuauflage gekommen. Zum einen habe ich eine große Anzahl von neuen Veröffentlichungen zum Thema ausgewertet (die wichtigsten sind in die Bibliographie aufgenommen). Zum anderen haben mir zahlreiche Diskussionen mit Eltern und Kindern sowie die Leserpost neue Gesichtspunkte geliefert, die zu Modifikationen führten.

Vor 10 Jahren standen Olivier und Jens gerade vor der Einschulung. Heute können wir in einem neuen Kapitel 6 die Schuljahre der Kinder in die Darstellung mit einbeziehen.

Berlin, im November 1993
Bernd Kielhöfer

1 Urteile und Vorurteile über Zweisprachigkeit

Um aufzuzeigen, was unter dem Thema **zweisprachige Kindererziehung** allgemein verstanden wird, wollen wir zunächst die gängigen Urteile und Vorurteile über Zweisprachigkeit kommentarlos zusammenstellen.

Wir fangen mit den positiven Urteilen an. Die wichtigsten Argumente für die Zweisprachigkeit sind:

(1) Zweisprachige Kinder lernen spielend leicht eine zweite Sprache, die andere Kinder später in der Schule nur mit Mühe erlernen.
(2) Sie erlernen diese zweite Sprache besser und vollkommener, als das später möglich ist.

Die Urteile betreffen aber auch allgemeine Sprachfähigkeiten und Persönlichkeitsmerkmale der Kinder. So wird behauptet:

(3) Zweisprachige Kinder sind sprachinteressierter und sprachgewandter als einsprachige.
(4) Zweisprachige Kinder sind toleranter und offener als einsprachige.
(5) Zweisprachige Kinder sind flexibler und anpassungsfähiger als einsprachige.
(6) Zweisprachige Kinder sind intelligenter als einsprachige.

Diese Aussagen sind in der Mehrzahl in der kanadischen, amerikanischen und belgischen Fachliteratur nach 1960 anzutreffen.

Die folgenden Negativurteile über Zweisprachigkeit stammen größtenteils aus älterer deutscher Fachliteratur (vor 1950), sie haben sich aber bis heute als Vorurteile gehalten.

Diese Negativstimmen sind zumeist sehr viel aggressiver als die positiven Aussagen. Hören wir zunächst die „Argumente“, die im engeren Sinne die Sprachfähigkeit von Zweisprachigen betreffen:

(1) Durch das gleichzeitige Erlernen von zwei Sprachen sind die Kinder überfordert.
(2) Zweisprachige Kinder lernen weder die eine noch die andere Sprache richtig. Sie sind halbsprachig – semilingual.
(3) Diese Kinder sind sprachlich verspätet.
(4) Diese Kinder haben keine Muttersprache.
(5) Diese Kinder können sprachlich nicht kreativ sein.

Es folgen die „Argumente“, die die ganze Persönlichkeit des Kindes betreffen:

(6) Zweisprachige Kinder sind intelligenzmäßig zurück.
(7) Diese Kinder sind phantasielos und gefühlsarm.
(8) Diese Kinder sind doppelzüngig, berechnend und verlogen.
(9) Diese Kinder sind entwurzelt und heimatlos, ohne Identität.
(10) Diese Kinder stottern oft, sind linkshändig und ungeschickt.
(11) Diese Kinder sind orientierungslos, labil, passiv im Verhalten.
(12) Diese Kinder sind oberflächlich.
(13) Diese Kinder haben Minderwertigkeitskomplexe.
(14) Diese Kinder haben eine gespaltene Persönlichkeit, sie neigen zu Schizophrenie.

(Wieczerkowski, 1965: 5)
(Weinreich, 1977: 155)

Wenn man sich die Begründungen für diese „Urteile“ ansieht, findet man meist vorschnelle Verallgemeinerungen ohne hinreichende empirische Fundierung. Sehr häufig wird die Zweisprachigkeit für Tatbestände verantwortlich gemacht (positive und negative), die primär nichts mit ihr zu tun haben. Kurz, wir haben es mit Vorurteilen zu tun.

Besonders schlimm wirken heute die älteren deutschen Urteile über Zweisprachigkeit, die, verdeckt oder offen, der völkisch-nationalen Ideologie entstammen. Es wäre um einen großen Teil der Weltbevölkerung schlimm bestellt, wenn diese Aussagen zuträfen. Ca. 50 % der Menschheit lebt problemlos mehrsprachig. Freilich bringt die Doktrin der Einsprachigkeit: *une nation, une langue, une culture* immer wieder Unruhe in das Miteinander verschiedener Sprachen in einigen mehrsprachigen Ländern und Regionen (Sprachenstreit in Belgien, Bilinguismus-Konflikte in Südtirol und im Elsaß – um nur die nächsten Nachbarn zu nennen).

Auch wenn wir die meisten der obigen Urteile als Vorurteile aus der Kiste der Ideologien und Doktrinen entlarven können, bleiben dennoch einige bedenkenswerte Warnungen, mit denen wir uns in der folgenden Darstellung differenziert auseinandersetzen wollen und müssen. Wir wollen dann im Schlußteil versuchen, die Vor- und Nachteile nochmal gegeneinander abzuwägen.

2 Vorläufige Definition der Zweisprachigkeit

Wir können dieser Studie keine feste Definition der Zweisprachigkeit zugrunde legen, denn es gibt diese Definition nicht. Begnügen wir uns darum mit Weinreichs praktischer Festsetzung: „Die Praxis, *abwechselnd zwei Sprachen zu gebrauchen*, soll Zweisprachigkeit heißen, die an solcher Praxis beteiligten Personen werden zweisprachig genannt" (Weinreich, 1977: 15). Einige Überlegungen und Eingrenzungen wären hinzuzufügen: was heißt es denn, *„abwechselnd zwei Sprachen zu gebrauchen?"* Der **Sprachwechsel** ist ja nicht zufällig und willkürlich. Zur Zweisprachigkeit gehört sicher das schnelle und richtige **Umschalten**, die Fähigkeit, sich jeweils auf die richtige Sprache für bestimmte Personen, Zwecke, Themen usw. einstellen zu können. Auch die Beherrschung beider Sprachen sowie ihr Reinheitsgrad ist betroffen. Bei einer allzu auffälligen **Sprachmischung** würden wir wohl eher von **Mischsprache** als von Zweisprachigkeit sprechen. Auf das Maß der **Sprachbeherrschung** wollen wir gleich noch etwas genauer eingehen, weil es besonders kontrovers diskutiert wird. Schließlich ist auch die Verschiedenartigkeit der beteiligten Sprachen etwas genauer zu bestimmen. Ist jemand, der hochdeutsch spricht und daneben seinen heimischen Dialekt, auch zweisprachig? Wir wollen solche Fälle nicht unter „Zweisprachigkeit" einordnen, sondern festlegen, daß die beteiligten Sprachen deutlich voneinander verschieden sein sollen, also z.B. deutsch-französische, deutsch-japanische, deutsch-russische Zweisprachigkeit. Es muß freilich offen bleiben, was unter „deutlich verschieden" im einzelnen zu verstehen ist.

Kommen wir nochmals auf den Grad der jeweiligen **Sprachbeherrschung** zurück. Wie gut müssen beide Sprachen beherrscht werden, um von Zweisprachigkeit zu sprechen? Die eine Extremposition wäre: Beide Sprachen müssen vollkommen und gleichmäßig beherrscht werden. Machen wir uns diese Position zu eigen, so gibt es kaum Zweisprachige. Die andere Extremposition wäre: Es genügt, in einer zusätzlichen Sprache etwas verstehen zu können, um zweisprachig zu sein. Akzeptieren wir diese Position, so sind wir alle zweisprachig. Eine vernünftige Position liegt also irgendwo zwischen diesen Extremen. Der Punkt auf dieser Skala ist wohl kaum objektiv zu bestimmen. Die entscheidende Instanz ist hier das **Bewußtsein der Zweisprachigkeit**, das individuelle Gefühl, in beiden Sprachen „zu Hause zu sein".

Halten wir fest, daß dabei das objektive Ausmaß der jeweiligen Sprachbeherrschung in den verschiedenen Fertigkeiten und Fähigkeiten (Sprechen-Verstehen-Schreiben-Lesen) sehr unterschiedlich sein kann. Nur selten kommt es vor, daß beide Sprachen in allen Bereichen gleich stark ausgeprägt sind. Fast immer existiert ein Ungleichgewicht zwischen den Sprachen: eine dominiert die andere. Die dominierende Sprache wollen wir **starke Sprache** nennen, die andere ist demnach die **schwache Sprache**.

Zweisprachigkeit ist in der Regel durch das Miteinander einer starken und einer schwachen Sprache bestimmt.

starke Sprache – schwache Sprache

Die Ausbildung der starken und schwachen Sprache hängt von einer Reihe von Faktoren ab: So sind natürlich Art und Zeitpunkt der jeweiligen Spracherlernung sowie Intensität des Sprachgebrauchs und damit der Sprachübung maßgebend. Andererseits sind aber auch emotionale, soziale und persönliche Gründe für bestimmte Vorlieben verantwortlich. Allgemein gesehen ist die besser beherrschte Sprache die starke Sprache. Der Zweisprachige bevorzugt sie bei freier Sprachwahl, weil er sie besser kann, und er beherrscht sie wiederum besser, weil er sie häufiger benutzt. Hier besteht ein Kreislauf von Ursache und Wirkung.

In Wirklichkeit hat der Zweisprachige jedoch nur selten die freie Sprachwahl. Der Gebrauch einer bestimmten Sprache wird meist durch einen bestimmten Anlaß vorgegeben. Unter diesen besonderen Bedingungen sind die Beziehungen zwischen starker und schwacher Sprache sehr komplex und in ständiger Bewegung. Es kann durchaus sein, daß die starke Sprache als Lesesprache gerade nicht gut beherrscht wird. Als Lesesprache ist diese Sprache dann die schwache Sprache. Es kann sein und ist oft so, daß Zweisprachige gewisse Erlebnisbereiche und Themen lieber und besser in einer bestimmten Sprache behandeln. Sollen sie sich darüber in der anderen Sprache ausdrücken, so ist diese Sprache in diesen Bereichen die schwache Sprache. Die Verteilung von starker und schwacher Sprache ist in diesem Fall erlebnis- und themengebunden. Sie hängt natürlich auch von der Umgebung ab; reist ein Zweisprachiger einige Zeit in das Land der ursprünglich schwachen Sprache, so wird diese stärker, die ursprünglich starke Sprache kann sich abschwächen.

Kurz, wir haben es mit einem sehr vielschichtigen dynamischen Kontinuum zu tun, in dem sich beide Sprachen ständig zwischen den Polen **„stark“** und **„schwach“** verschieben.

3 Die Rahmenbedingungen der Zweisprachigkeitserziehung

Zielsetzung und methodische Vorbemerkungen

Diese Studie beschäftigt sich mit zwei Kindern, Olivier und Jens, die von Geburt an in einem zweisprachigen Elternhaus herangewachsen sind (deutsch-französisch). Wir haben es mit Fällen **natürlicher Zweisprachigkeit** zu tun.

Das Interesse der Untersuchung gilt nicht dem Spracherwerb als solchem, sondern dem Vergleich des Erwerbs *zweier* Sprachen: Wann, wo und mit wem sprechen die Kinder jeweils ihre Sprachen? Ist der Fortschritt in beiden Sprachen gleichmäßig, wo zeigen sich Parallelen, Verspätungen in der Entwicklung? Wo sind Einflüsse der einen Sprache auf die andere erkennbar; in welcher Richtung machen sich diese Einflüsse bemerkbar? etc.

Natürlich braucht man für eine solche vergleichende Untersuchung die Norm der Einsprachigen. Olivier und Jens werden darum mit einsprachigen deutschen und französischen Kindern derselben Altersstufe verglichen. Des weiteren haben wir als Kriterium für eine normale einsprachige Entwicklung die deutsche und französische Kindersprachenliteratur konsultiert.

Die Beobachtungen für diese Studie wurden von der Mutter der Kinder durchgeführt. Sie erstreckten sich über fünf Jahre für das erste Kind (Olivier) und über vier Jahre für das zweite Kind (Jens). Sie wurden so notiert, daß die Kinder sich nicht beobachtet fühlten. Natürlich ist es schwer, gleichzeitig Mutter und objektiver Beobachter der Kinder zu sein. Die eigenen Beobachtungen wurden darum auch mit den Beobachtungen an anderen Zweisprachigen in der näheren Umgebung und mit den veröffentlichten Fallstudien über zweisprachige Kindererziehung verglichen und überprüft. (Ronjat 1913, Leopold 1939–1949, Elwert 1973, Arnberg 1981, Saunders 1982, Porsché 1983, Taeschner 1983, Celce-Murcia 1988, Deshays 1990).

Da jeder Fall von Zweisprachigkeit ein besonderer Fall ist, werden wir im folgenden zuerst Situationen, Personen, Umstände und Erziehungsmethode, die unseren Fall von Zweisprachigkeitserziehung charakterisieren, vorstellen.

Natürliche Zweisprachigkeit

Der Begriff „natürliche Zweisprachigkeit" ist analog dem Begriff „natürlicher Spracherwerb" zu verstehen, d.h. Kinder lernen in ihrer natürlichen Umgebung beide Sprachen „von allein", weil sie sie lernen müssen, um sozial zurechtzukommen. Besondere Übungstechniken, eine besondere Darbietung und Anordnung des Lernstoffs „Sprache", systematische Erklärungen sind nicht nötig. Die Eltern passen sich intuitiv dem Sprachniveau der Kinder an. Um auf natürliche Weise zweisprachig zu werden, sind jedoch einige wenige Prinzipien zu beachten: **funktionaler Sprachgebrauch und Sprachtrennung, emotionale und sprachliche Zuwendung, positive Spracheinstellung** sind die wichtigsten.
Eine Art „künstliche Zweisprachigkeit" liegt vor, wenn in einem einsprachigen Elternhaus „natürliche Zweisprachigkeit" seitens der Eltern nachgeahmt wird (Saunders 1982). Meist halten die Eltern jedoch die schwierige Rolle nicht durch und geben eines Tages auf.

Situationen, Personen und Methode der zweisprachigen Kindererziehung

Die Familiensituation

DIE ELTERN

Der Vater ist Deutscher (einsprachig deutsch) und ist als Beamter tätig. Er ist zwei- bis dreimal in der Woche für drei bis fünf Stunden mit den Kindern allein gewesen, bis sie mit dreieinhalb bzw. knapp drei Jahren in den deutschen Kindergarten aufgenommen wurden. Er hat mit den Kindern hochdeutsch mit einem leichten Berliner Akzent gesprochen. Sein Verhältnis zu den Kindern ist sehr gut, obwohl er in seiner Erziehungsmethode strenger ist als die Mutter. Die Kinder haben vom Vater intensive **emotionale und sprachliche Zuwendung** erfahren. Der Vater hat seit der Geburt der Kinder etwas französisch gelernt, kann es aber nur schlecht sprechen. Diese Tatsache kann für die Sprachentwicklung der Kinder wichtig sein, denn die Kinder müssen mit ihrem Vater deutsch sprechen. Wir werden im Laufe dieser Studie sehen, daß die Kinder lieber die Mutter fragten, wenn sie ein Wort auf deutsch noch nicht kannten bzw. vergessen hatten (z.B. *comment ça s'appelle en allemand ...?*), als dem Vater gegenüber ein französisches Wort zu gebrauchen.

Die Mutter ist Französin, sie spricht französisch ohne besondere dialektale Färbung und deutsch mit französischem Akzent. Sie lebt seit 1975 in Berlin. Bis die Kinder in den Kindergarten aufgenommen wurden, war sie tagsüber fast ständig mit ihnen allein. Das führte dazu, daß die Kinder, trotz überwiegend deutscher Umgebung, französisch häufiger hörten als deutsch. Die Mutter beschäftigt sich viel mit den Kindern (spielen, singen, vorlesen), die auch ein gutes Verhältnis zu ihr haben. Sie ist in ihrer Erziehungsmethode sehr viel nachgiebiger als der Vater.

Alles in allem sind die Kinder in einem „wohlbehüteten" Elternhaus herangewachsen: eine sicherlich wichtige Voraussetzung für eine erfolgreiche Zweisprachigkeitserziehung.

emotionale und sprachliche Zuwendung: Ohne ausreichende emotionale und sprachliche Zuwendung wird der Spracherwerb des Kindes sehr erschwert und verzögert. Diese Beobachtung gilt auch für die Zweisprachigkeitserziehung: Hat einer der Eltern z.B. nicht genügend Zeit (oder Lust), seine Sprache mit dem Kind zu sprechen, gibt es gefühlsmäßig stärkere Bindungen des Kindes zu einem Elternteil, so spiegelt sich das sehr schnell in der sprachlichen Entwicklung des Kindes wieder: Eine Sprache wird sich schneller entwickeln, sie wird die **starke Sprache**, die andere wird zurückbleiben, sie wird die **schwache Sprache**. Aus unserer Umgebung sind uns Fälle von Verweigerung einer Sprache (→ **Sprachverweigerung**) aus emotionalen Gründen bekannt.
Erfolgreiche Zweisprachigkeitserziehung setzt voraus, daß dem Kind beide Sprachen mit ähnlicher Intensität nahegebracht werden. Die Zuwendung muß nicht unbedingt nur von den Eltern kommen. Die nähere Umgebung (Geschwister, Großeltern, Freunde) kann eine wichtige Rolle spielen.

Die Kinder

OLIVIER

Olivier ist das ältere der beiden Kinder und im August 1976 in Berlin geboren. Bis zu 3,5 Jahren* war er ausschließlich im Elternhaus, später halbtags im deutschen Kindergarten. Er ist ein sehr sensibles Kind, das sich leicht durch außergewöhnliche Umstände beunruhigen läßt. Er

* zu lesen: drei Jahre und fünf Monate

stellt viele Ansprüche, sowohl an seine Umgebung als auch an sich selbst. Er will alles genau wissen und alles ganz richtig machen. Er braucht viel Zeit, um sich einer neuen Situation anzupassen und gilt in bekannter Umgebung als lebhaft, er ist aber in neuer Umgebung eher zurückhaltend. Alles hat bei ihm eine Ordnung, nämlich *seine* Ordnung, was zur Folge hat, daß er relativ intolerant gegenüber anderen Personen und Ordnungen ist. Diese Tatsache ist für seine Entwicklung der Zweisprachigkeit wichtig: Wenn eine bestimmte Gruppe von Personen oder auch nur eine Person von ihm als *deutsch* bzw. *französisch* eingeordnet worden ist, wird von Olivier nicht toleriert, daß diese Person die andere Sprache spricht. Wenn seine Ordnung falsch war, braucht er viel Zeit, um dies einzusehen. Er muß auch selbst die Erfahrung machen, daß er sich geirrt hat, da er sonst auf seiner Position beharrt. Zum Beispiel waren alle Kinder von ihm in die Kategorie *deutsch* eingeordnet worden; erst mit 4,10 Jahren revidierte er seine Meinung und sprach auch mit Kindern französisch. Bis heute, 1993, seinem 17. Lebensjahr, achtet er sehr darauf, daß die Sprachen ordentlich gesprochen werden, vermeidet **Sprachmischung** und akzeptiert sie auch nicht von den Familienmitgliedern.

JENS

Jens ist im Dezember 1977, 16 Monate nach seinem Bruder, geboren. Bis 2,10 Jahren war er ausschließlich im Elternhaus, dann halbtags im deutschen Kindergarten.

Sein Charakter ist von dem seines Bruders sehr verschieden. Jens paßt sich mühelos jeder neuen Situation an. Er ist sehr selbständig, tolerant, kontaktfreudig und spontan. Alle diese Charakterzüge haben einen Einfluß auf seine Zweisprachigkeit.

Jens ist eher bereit, seine sprachliche Ordnung zu ändern, er reagiert auch, wenn Deutsche ihn auf französisch ansprechen, was Olivier strikt ablehnt. Jens ist emotional sehr mit seinem Bruder verbunden und ahmt ihn viel nach, auch sprachlich. Das führt dazu, daß Jens oft eine Echosprache von Olivier spricht. Bis heute, 1993, seinem 16. Lebensjahr, hat sich Jens diese größere Laxheit oder Flexibilität bei der Sprachwahl und Sprachbenutzung bewahrt.

Es ist erkennbar, daß die Individualität der Kinder einen maßgeblichen Anteil an ihrer Sprachentwicklung hat.

Die Spracherziehungsmethode

Das Spracherziehungsprinzip geht auf RONJAT (1913) zurück. Es entspricht aber auch den Vorstellungen und Einstellungen der Eltern von Olivier und Jens: Jeder spricht mit den Kindern seine Muttersprache, der Vater nur deutsch, die Mutter nur französisch. Dieses Prinzip *une personne, une langue* war RONJAT als zweisprachige Erziehungsmethode für den Sohn Louis vom französischen Phonetiker Grammont empfohlen worden: *„Il n'y a rien à lui apprendre ou à lui enseigner. (...) Mais voici le point important: que chaque langue soit représentée par une personne différente (...). N'intervertissez jamais les rôles. De cette façon, quand il commencera à parler, il parlera deux langues sans s'en douter et sans avoir fait aucun effort spécial pour les apprendre."* (RONJAT, 1913: 3)

Die Kinder hörten von Geburt an beide Sprachen, denn die Eltern haben die Methode *une personne, une langue* von Anfang an, also schon vor Beginn des eigentlichen Spracherwerbs, angewandt. Dadurch konnten die Kinder in das *bain sonore* beider Sprachen „eintauchen", ihre typischen Klangstrukturen unbewußt aufnehmen. Vielleicht ist diese frühe Erfahrung die Ursache für die spätere phonetische Sensibilität der Kinder. Für die Eltern bot dieser frühe Beginn die Möglichkeit, sich in die eigene Sprachrolle einzuüben, sie zur Gewohnheit werden zu lassen.

Die Eltern haben sich konsequent an diese Methode gehalten. Der Vater blieb immer beim Deutschen, weil er nicht richtig französisch kann; die Vatersprache der Kinder ist in unserem Fall deutsch. Die Mutter hat aus emotionalen Gründen mit den Kindern nicht die „Fremdsprache" deutsch sprechen *wollen* und *können*. Sollten ihre Kinder später einmal als Fremde nach Frankreich reisen? Sollten sie nicht mit den Großeltern, Onkeln und Tanten deren Sprache sprechen können? Mit der Wahl ihrer Sprache, des Französischen, in einer deutschsprachigen Umgebung entschied sie sich auch für die Bewahrung ihrer **Identität** und folgte dem geheimen Wunsch, diese Identität ihren Kindern weiterzugeben.

Sprachbewahrung und Sprachverlust

In der Fremde wird häufig die eigene Sprache zum wichtigsten Symbol der ethnischen und kulturellen **Identität.** Die Sprache zu bewahren heißt darum auch, sich selber bewahren. Die Aufgabe der eigenen Identität hingegen ist fast immer gleichbedeutend mit Sprachverlust und Assimilierung an die neue Umgebung und deren Sprache.

Neben dem Motiv, Identität und Sprache zu bewahren, gibt es bei vielen Eltern noch ein weiteres starkes Motiv, mit dem Kind die eigene Muttersprache zu sprechen: es ist der unbewußte Wunsch, die eigene Kindheit neu zu erleben. Die als Kind gehörten Koseworte, die Kinderlieder und Reime haben großen Anteil an der Renaissance, der Wiedergeburt der eigenen Kindheit.

Die Mutter hat den Kindern darum später auch klargemacht, daß deutsch nicht ihre Sprache ist. Die Kinder wußten, daß die Mutter deutsch kann, daß aber zwischen ihnen und der Mutter die **Muttersprache** französisch ist.

Muttersprache ist bei uns die Sprache, die das Kind mit der Mutter spricht, wohingegen die Vatersprache die Sprache ist, die das Kind mit dem Vater spricht. Nach dem Prinzip *une personne, une langue* verkörpern Mutter und Vater jeweils die Sprachen. Die Trennung der Sprachen in Mutter- und Vatersprache scheint eine besonders günstige Konstellation für erfolgreiche zweisprachige Kindererziehung zu sein. Viele zweisprachige Kinder benutzen dieses Trennungsprinzip zur Benennung der Sprachen, so heißt das Französische etwa: *langue à (de) maman*, das Deutsche: *Papasprache*.
Nun ist der Begriff „Muttersprache" in bestimmten Bereichen der Sprachwissenschaft und Pädagogik ja mit einem besonderen Nimbus umgeben, und es gilt zu fragen, was denn das Besondere an der „Muttersprache" ist, ob Zweisprachige über dieses „Besondere" nicht verfügen, weil sie keine Muttersprache haben oder gar doppelt darüber verfügen, weil sie ja zwei Muttersprachen besitzen könnten.

Zu diesem umfangreichen Thema können wir nur einige Anmerkungen machen:
Zunächst stellt sich das Problem, die Muttersprache des Zweisprachigen herauszufinden. Wie oder woran ist sie erkenntlich? Die Muttersprache gilt z.B. als Sprache der Gefühle, als Sprache, in der man träumt, denkt, betet, flucht, zählt und rechnet. Wenn dem so ist, haben Zweisprachige mehrere Muttersprachen, denn sie äußern ihre Gefühle in mehreren Sprachen; denken, träumen, beten und fluchen in verschiedenen Sprachen; zählen und rechnen freilich meist nur in einer Sprache, der **Zählsprache.** Beim Gebrauch der verschiedenen „Muttersprachen" haben Zweisprachige allerdings bestimmte Vorlieben, sie ziehen die **starke Sprache** jeweils der **schwachen Sprache** vor. Die jeweilige starke Sprache ist demnach ihre „Muttersprache". Sind sie nun in dieser starken Sprache weniger „gründlich", „tiefsinnig", kreativ, originell als in der „Muttersprache"? Uns erscheint der Begriff „Muttersprache" in seiner Irrationalität wenig hilfreich, wir wollen aber im Schlußkapitel diesen gewichtigen Vorwurf gegen Zweisprachigkeit nochmals aufgreifen.
Im Rahmen dieses Buches wollen wir den Begriff „Muttersprache" wie folgt verwenden: Auf Zweisprachige angewandt, bezeichnet der Begriff die Sprache, die mit der Mutter gesprochen wird. Auf Einsprachige angewandt bezeichnet der Begriff deren einzige (und starke) Sprache.

Diese Spracherziehungsmethode führte zu einer funktionalen Trennung der Sprachen. Olivier und Jens bauten sich für jede der beiden Sprachen „ihre" Ordnung auf, die insbesondere Olivier hartnäckig verteidigt. Allerdings bleibt in dieser Ordnung, wie wir sehen werden, Raum für Ausnahmen. Es gibt Situationen, in denen von dem Prinzip *une personne, une langue* abgewichen werden darf.

Ein konsequentes Ordnungsprinzip für **funktionalen Sprachgebrauch** und **Sprachtrennung** scheint uns die wichtigste Voraussetzung für das Gelingen der zweisprachigen Erziehung zu sein.

Funktionaler Sprachgebrauch und Sprachtrennung

Das Wichtigste an diesem Prinzip ist, daß jede Sprache *direkt* benutzt wird. Es wird nicht übersetzt. **(→ Übersetzen).** Funktionale Trennungen können durch verschiedene Konstellationen zustandekommen. Zum Beispiel können verschieden sein:

Umgebungssprache – Familiensprache
Spielsprache – Familiensprache
Schulsprache – Familiensprache
Berufssprache – Familiensprache
Schulsprache – Spielsprache – Familiensprache
gesprochene – geschriebene Sprache

oder wie in unserer Fallstudie:
Muttersprache – Vatersprache

Entscheidend für die funktionale Trennung ist, daß die Sprachen nicht willkürlich gewechselt und benutzt werden, sondern daß jede Sprache bestimmten Funktionen zugeordnet ist. Jede Sprache hat ihre besondere Aufgabe, ihre Rolle, ihr Anwendungsgebiet. Allerdings können diese sich auch überschneiden, was dann zu funktionalen Konflikten führt (→ **Interferenz**). Durch starke **Sprachmischung** können die Ordnungen auch zerstört werden, so daß das Prinzip der funktionalen Sprachbenutzung und -trennung nicht mehr wirkt.

Die Umgebung

Die engste Umgebung für das Kind ist die Familie. Die **Familiensprache** bestimmt ganz wesentlich die Sprachentwicklung der Kinder. Für Jens und Olivier ist die Familiensprache deutsch: Allgemeine Tischgespräche und Unterhaltungen im ganzen Familienkreis erfolgen in deutsch. Bei der *direkten* Ansprache der Kinder wechselt die Mutter jedoch ins Französische, desgleichen wird nur französisch benutzt, wenn die Mutter mit den Kindern allein ist. Die Geschwistersprache untereinander ist jedoch wiederum deutsch.

Die **Familiensprache** ist die Sprache, die im ganzen Familienkreis bei allgemeinen Gesprächen gesprochen wird. Im allgemeinen nimmt die Familiensprache Rücksicht auf den sprachlich schwächeren Elternteil. In unserem Fall spricht die Mutter besser deutsch als der Vater französisch, die Familiensprache ist darum deutsch. Es ist zu beobachten, daß in den Fällen, in denen Familiensprache und **Umgebungssprache** verschieden sind, die Umgebungssprache einen beträchtlichen Druck auf die Familiensprache ausübt. Diese hat dann meist die Tendenz, sich der Umgebungssprache anzupassen. Für die Zweisprachigkeitserziehung erweist es sich jedoch als günstig, in der Familie *nicht* die Umgebungssprache zu sprechen. Die Familiensprache schafft so ein gewisses Gegengewicht gegenüber der sehr starken **Umgebungssprache.** Das ist natürlich nur möglich, wenn beide Eltern die sprachlichen Voraussetzungen dafür besitzen, und wenn sie dem Druck der Umgebungssprache widerstehen können.

Die weitere Umgebung ist für die Kinder vor allem deutschsprachig. Mit Spielkameraden, auf der Straße und später im Kindergarten sprechen die Kinder nur deutsch. Freunde und Bekannte der Eltern sind meist Deutsche. Der Umgang mit Franzosen ist im täglichen Leben der Kinder relativ selten. Es handelt sich dann um Freunde der Mutter, die meist zweisprachig sind. Die Unterhaltungssprache ist aber auch meist deutsch, wenn die Gruppe gemischt ist (d.h. teils Franzosen, teils Deutsche).

Die **Umgebungssprache** ist die Sprache des Landes, in dem die zweisprachigen Kinder aufwachsen. Sie wird mit zunehmendem Alter des Kindes immer wichtiger. Spielkameraden, Kindergarten, Schule vertreten die Umgebungssprache mit wachsendem Druck, so daß die Umgebungssprache fast immer die **starke Sprache** der Kinder wird. Es ist ganz wesentlich, daß die **schwache Sprache** wenigstens zeitweise Umgebungssprache wird. Reisen ins und Ferienaufenthalte im Land der schwachen Sprache, besonders auch längere Aufenthalte ohne jede Benutzung der starken Sprache sind notwendig, um die schwache Sprache zu fördern. Ein anderes Gegengewicht zur Umgebungssprache kann durch die **Familien-** und/oder **Spielsprache** und/oder **Schulsprache** geschaffen werden.

Wichtige Personen für die Sprachentwicklung der Kinder waren und sind die Großeltern auf deutscher und französischer Seite. Die deutsche Großmutter hat sich viel mit den Kindern beschäftigt, sehr viel mit ihnen gespielt, bis Olivier und Jens im Kindergarten aufgenommen wurden. Sie hat dazu beigetragen, daß die **Spielsprache** der Kinder deutsch wurde.

Die französischen Großeltern repräsentieren allein die französische Umgebung. Die Kinder haben zu ihnen eine sehr herzliche Beziehung. Die französischen Großeltern werden drei- bis viermal im Jahr besucht, jeweils im Durchschnitt für zehn Tage. Einmal im Jahr bleiben Olivier und Jens vier Wochen lang ohne Eltern bei den französischen Großeltern. Es wird in dieser Zeit kein deutsch von den Kindern gehört, da die französische Familie diese Sprache nicht beherrscht. Französische Kinder haben Olivier und Jens in Frankreich in den ersten Jahren nicht näher kennengelernt, sodaß die Spielsprache der Kinder deutsch blieb.

Die **Spielsprache** ist die Sprache, die das Kind im Spielmonolog gebraucht. Sie wird besonders durch die Spielpartner herausgebildet. Nach dem Prinzip *une personne, une langue* spielen die Kinder mit der Mutter in unserem Fall in französischer Sprache, mit dem Vater in deutscher Sprache. Die Geschwister spielen untereinander in der deutschen Sprache. Allgemein ist zu beobachten, daß die **Umgebungssprache** Spielsprache wird, weil die meisten Spielpartner aus der Umgebung kommen. In unserem Fall hat die deutsche Großmutter diese Entwicklung schon früh gefördert – sie setzt jedoch regelmäßig dann ein, wenn die Kinder mit anderen Kindern, besonders im Kindergarten, die Umgebungssprache als Spielsprache benutzen.
Für die Zweisprachigkeitserziehung ist es jedoch günstig, in der Spielsprache die **schwache Sprache** zu fördern und ein Gegengewicht zur starken Umgebungssprache zu schaffen. Kontakte mit Kindern, die die schwache Sprache als Muttersprache sprechen, können sehr wichtig werden. Besonders bei Auslandsaufenthalten sind Kontakte mit Kindern sehr förderlich. Längere Besuche in ausländischen Kindergärten können dazu führen, daß durch die Spielsprache die schwache Sprache zur starken wird. Bei der Bedeutung, die das Spiel für die Kinder hat, ist es nicht erstaunlich, daß gerade über die Spielsprache die Zweisprachigkeit entscheidend entwickelt wird.

Es ist bis jetzt erkennbar, daß die Kinder mit beiden Sprachen in unterschiedlichen Funktionen und Rollen in Kontakt geraten. Dennoch bleibt bei ihnen die Leitordnung als wichtigste Orientierung maßgebend: Vater und Mutter vertreten je eine Sprache. Neben dieser Verteilungsordnung, die wir genauer darstellen, gibt es jedoch noch andere, die hier auch kurz erwähnt werden sollen.

Ordnungen der Sprachverteilung

Für die frühe Zweisprachigkeitserziehung haben sich besonders folgende Ordnungen bewährt:

- Die Personenverteilung nach Vater- und **Muttersprache** (unser Fall). Sie ist für das Kind transparent und einfach. Kein Hindernis dafür ist die Tatsache, daß beide Eltern einer sprachlichen „Mischehe“ beide Sprachen sehr gut beherrschen. Hier sind nur die Anforderungen an das konsequente Sprachverhalten der Eltern besonders hoch: Jeder spricht mit dem Kind *nur* seine Sprache. Das Kind übernimmt dann diese Rollenverteilung und hält sich daran, wenn die Eltern sie nicht durch übermäßiges **Sprachmischen** zerstören.

Der besondere Vorteil dieser Ordnung ist der, daß das Kind beide Sprachen von Anfang an auch affektiv sehr intensiv erlebt.
Das besondere Problem besteht darin, daß die Familiensprache oft nicht eindeutig bestimmbar ist und der Elternteil, der die Nicht-Umgebungssprache vertritt, einen starken Druck von außen aushalten muß.

- Die Trennung von **Familiensprache** und **Umgebungssprache**. Diese Ordnung hat den Vorteil, daß innerhalb der Familie dieselbe Sprache gesprochen wird, die so der Umgebungssprache auch besser widersteht. Das Ordnungsprinzip: „eine Sprache für drinnen und die andere für draußen" ist ebenfalls einfach und für das Kind transparent. In der sprachlichen „Mischehe" besteht das besondere Problem jedoch darin, daß einer der Partner *seine* Sprache dem Kind gegenüber aufgibt. Spricht er die andere Sprache zudem nur fehlerhaft, ist eine solche Sprachwahl sehr problematisch.

Für die später einsetzende Zweisprachigkeitserziehung ist besonders folgende Ordnung zu erwähnen:

- Die Trennung von **Schulsprache** und **Familiensprache** bzw. **Umgebungssprache**. Der Besuch von (internationalen) Kindergärten und Schulen, in denen ganz oder teilweise eine besondere Schulsprache benutzt wird, führt zu einer funktionalen Beherrschung dieser Sprache. Die entstehende Zweisprachigkeit bleibt zwar in der Qualität gegenüber den oben genannten Formen zurück, erreicht jedoch ein Niveau deutlich über den traditionellen Fremdsprachenkenntnissen.

Wenden wir uns jetzt einigen psychischen Faktoren zu, die am Erfolg oder Mißerfolg der Zweisprachigkeitserziehung maßgeblich beteiligt sind.

Es ist wichtig zu erwähnen, daß die Umgebung der Zweisprachigkeit gegenüber sehr positiv eingestellt ist. Freunde und Bekannte bewundern die zweisprachigen Kinder. Die deutsche Großmutter wird nicht ungeduldig, wenn sie ein französisches Gespräch zwischen Mutter und Kindern nicht versteht. Die französischen Großeltern warten das Ende eines deutschen Gespräches zwischen Vater und Kindern genauso geduldig ab.

Einstellungen zur Zweisprachigkeit

Positive oder negative Einstellungen zur Zweisprachigkeit spielen eine ganz wesentliche Rolle für das Gelingen oder auch Mißlingen der Zweisprachigkeitserziehung. Wir haben dabei zu unterscheiden zwischen der Einstellung der Eltern und Umgebung auf der einen Seite und der Einstellung des Kindes zu seiner eigenen Zweisprachigkeit auf der anderen Seite. **Letztere bildet sich mit dem Bewußtsein der Zweisprachigkeit** und in Abhängigkeit von Einstellungen der Eltern und Umgebung aus.
Die Einstellungen zur Zweisprachigkeit werden insbesondere durch folgende Faktoren bestimmt:

- soziolinguistische Motive: Das **Sprachprestige** spielt eine große Rolle. Gilt eine der beiden Sprachen als „minderwertiger" als die andere, so ist eine positive Einstellung zu dieser Art der Zweisprachigkeit aus sozialen Gründen gefährdet. **(→ Sprachverweigerung).**

- pädagogisch-psychologische Erwägungen. Wie eingangs dargestellt spielen negative Urteile und Vorurteile über angebliche Schäden der Zweisprachigkeit auch heute noch eine erhebliche Rolle. Geht man aber mit negativen Vorurteilen und nur „mit halbem Herzen" an die Aufgabe heran, so erfüllen sich diese negativen Prophezeihungen von selbst, genauso wirkt aber auch eine positive Überzeugung stimulierend und führt zu positiven Ergebnissen.

- Auch ein gewisser sozialer Konformismus wirkt auf die Einstellungen: Sind in der Umgebung alle Familien und Kinder einsprachig, so besteht die Tendenz, sich ihnen anzupassen. Findet man jedoch andere Fälle von Mehrsprachigkeit in der Nachbarschaft, stärkt das die eigene Überzeugung. Ein Zusammenschluß der mehrsprachigen Familien zu einer Gruppe Gleichgesinnter kann sehr hilfreich sein, die eigene Einstellung zu festigen und zu bewahren.

Sprachprestige

Für das Gelingen der Zweisprachigkeitserziehung ist das soziale Ansehen der beteiligten Sprachen ein ganz wesentlicher Faktor. Hat eine der beiden Sprachen ein geringeres Sozialprestige als die andere, so führt das fast zwangsläufig zu negativen **Einstellungen zur Zweisprachigkeit** und in der Folge häufig zur **Verweigerung** dieser Sprache.

Das Sozialprestige der Sprache kann durch sehr unterschiedliche Faktoren bestimmt werden. Jüngere Kinder messen den Wert der Sprache meist am Wert der Menschen, die in ihrer Umgebung diese Sprache sprechen. Leben diese Menschen in sozial abgewerteter Stellung, so überträgt sich deren Sozialstatus auf die Sprache. Minderheitensprachen, Einwanderer- und Gastarbeitersprachen haben besonders unter negativen sozialen Vorurteilen zu leiden. Abschätzige Urteile der Umgebung über diese Menschen lösen bei zweisprachigen Kindern meist eine Sprachkrise aus. Im späteren Alter wird das Sozialprestige der Sprachen stärker durch ökonomische, politische und kulturelle Werte bestimmt. Sprachen aus ökonomisch und politisch starken Ländern haben ein hohes Sozialprestige, aber auch Sprachen, die eine kulturelle Tradition repräsentieren, haben hohen Wert. Daraus ergibt sich, daß rein orale und/oder dialektale Sprachen ohne ökonomischen und politischen Hintergrund sich in Kombination mit einer europäischen Sprache z.B. in der Zweisprachigkeitserziehung schwertun.

4 Wer spricht mit wem, wann und wo, welche Sprache?

Une personne, une langue: das Partnerprinzip

Wir haben an zentralen Stellen gesehen, daß die Sprachenverteilung nach dem Partnerprinzip geregelt ist. Innerhalb der Familie funktioniert diese Regelung völlig automatisch. Machen wir uns an einem Schema die Sprachenverteilung auf die Familienmitglieder nochmals deutlich.

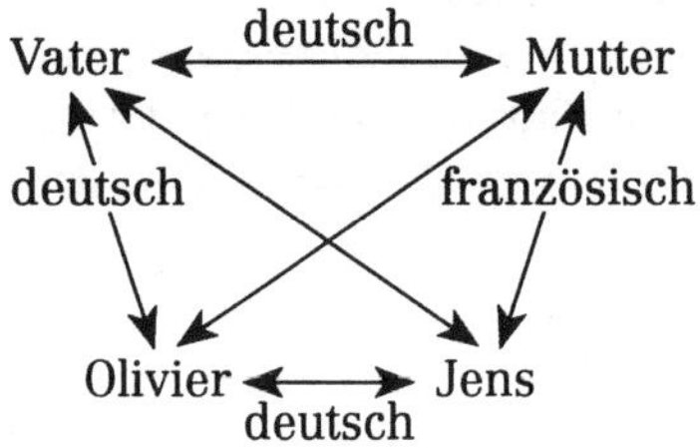

Auch optisch wird an diesem Schema das Übergewicht der **Familiensprache** deutsch deutlich. Französisch ist hingegen nur eine „innere" Familiensprache, auf das Dreieck Mutter ↔ Kinder reduziert. Sehen wir uns die Sprachverteilung in einer solchen Dreieckssituation einmal an:

Jens (3,2 Jahre) baut eine Garage mit Lego-Steinen. Er braucht dabei die Hilfe der Mutter. Olivier spielt daneben (4,6 Jahre).

Mutter: *„Donne-moi encore quelques Legos pour faire le toit! Toi, tu peux faire la porte, si tu veux!"*
Jens: *„Peux pas! Ça casse tout le temps!"*
Olivier: *„Nein, das geht doch nicht kaputt. Du mußt hier festhalten! So, guck 'mal!"* (er zeigt wie)
Jens: *„Ich kann nicht!* (jammert) *Das ist zu schwer!"*
Olivier: *„I peut, Jens, hein? Mais l'faut pas pleurer pour ça!" „Du sollst nicht weinen, Jens!"*

Es ist in diesem Dialog nicht nötig anzugeben, wer wen anspricht. Die Kinder signalisieren durch die Wahl der Sprache die Wahl ihres Ansprechpartners: deutsch – die Brüder unter sich; französisch – die Mutter. Wird innerhalb einer Äußerung umgeschaltet, so wird dabei auch der Partner gewechselt.

Dasselbe Prinzip funktioniert auch bei Tisch in der Familie. Sprechen die Kinder alle an, so wird die **Familiensprache** deutsch gewählt, geht die Aussage direkt und nur an die Mutter, so wird ins Französische gewechselt.

Z.B. Olivier (3,1 Jahre):

(1) *„gehen wir einkaufen?"*
(2) *„on va en commission?"*

Beide Fragen werden nacheinander gestellt. Sie sind kein Beleg für **Sprachmischung**, sondern im Gegenteil Beweis für **funktionale Sprachtrennung**. Die Frage (1) richtet sich entweder an die ganze Familie und/oder speziell an den Vater; Frage (2) ist hingegen nur für die Mutter gedacht.

Das System funktioniert auch, wenn ein Kind eine Gesprächsverbindung zum anderen Elternteil herstellt. Die Kinder **übersetzen** zwischen den Eltern. Ein Beispiel dafür:

Mutter, Olivier (3,3 Jahre) und Jens sind im Wohnzimmer.
Der Vater befindet sich im Garten.
Mutter zu Olivier: *„Tu vas demander à papa s'il est prêt?"*
Olivier geht zu seinem Vater und sagt: *„Rainer, bist du fertig?"*
Vater: *„Ja , ich komme!"*
Olivier zur Mutter: *„Oui, il est fini"*.

(*il est fini* → Interferenz)

Das Partnerprinzip wird konsequenterweise auch über den Familienkreis hinaus angewandt. Als **Umgebungssprache** setzt sich in Deutschland schnell deutsch durch, weil die meisten Gesprächspartner der Umgebung Deutsche sind. Dazu gehört auch, daß die Mutter mit anderen Deutschen nur deutsch spricht. Zweisprachige Kinder aus anderen sprachlichen „Mischehen" werden deutsch angesprochen. Nur mit einigen wenigen französischen Freunden der Mutter sprechen auch die Kinder französisch. Wie in der Familie ist auch im größeren Umfeld das Französische auf eine kleine Konstellation von Partnern reduziert. Das Französische ist Minderheitssprache, das Deutsche Mehrheitssprache und darum auch **starke Sprache**.

Das Partnerprinzip wird von beiden Kindern mit unterschiedlicher Flexibilität angewandt. Olivier beachtet streng die Partnersprache, Jens erlaubt sich gerne kleinere Abweichungen. Der Unterschied zwischen den Kindern zeigt sich auch sehr gut im Kindergarten. Olivier vermeidet dort jede französische Äußerung. wenn ihn die Erzieherin fragt, ob er nicht seiner Gruppe ein französisches Lied beibringen möchte, antwortet er, daß er das nicht mag. Ein Kind seiner Gruppe, dessen Mutter (eine Deutsche) Französischlehrerin ist, singt ab und zu französische Lieder. Während die ganze Gruppe versucht, das Lied mitzusingen, bleibt Olivier still und lächelt, weil er die Situation als ordnungswidrig empfindet. Sobald Olivier von der Mutter abgeholt wird, spricht er mit ihr vor der ganzen Gruppe französisch, ohne Hemmungen zu zeigen.

Jens ist dagegen stolz, französisch zu können, und macht der Erzieherin gegenüber oft Bemerkungen, daß er französisch kann und sie nicht. Er singt oft französische Lieder und sagt, wenn die Erzieherin ihn fragt, was der Text bedeutet: *„Das kannst Du nicht verstehen, das ist französisch"*.

Oft macht er folgende Bemerkung: *„Wenn ich mit Mama spreche, verstehst Du das nicht!"* Ohne ersichtlichen Grund, meistens beim Spielen, ruft er die Erzieherin, um ihr zu sagen, wie ein deutsches Wort auf französisch heißt. Er **übersetzt** dann gerne.

Beispiel:
Jens (3,5 Jahre) spielt mit Autos. Er ruft die Erzieherin: *„Heidi, weißt Du wie Zahnarzt auf französisch heißt?"*
Heidi: *„Nein!"*
Jens: *„Das heißt ‚dentiste'."* Er spielt weiter ...

Übersetzen

Beim Sprachwechsel übersetzen Zweisprachige nicht. Sie benutzen jede Sprache „direkt". Es wird darum öfter behauptet, Zweisprachige seien schlechte Übersetzer. Besonders die **funktionale Sprachtrennung** soll das Übersetzen erschweren. Diese pauschale Behauptung ist u.E. falsch. Sicher sind Zweisprachige nicht in den besonderen professionellen Fertigkeiten und Fähigkeiten des Übersetzens ausgebildet und geübt, aber sie bringen zwei wichtige Voraussetzungen für den guten Übersetzer mit:

- Sie beherrschen beide Sprachen sehr gut, besonders Übersetzungen in die **starke Sprache** sind begünstigt.
- Sie sind im **Umschalten** geübt, was insbesondere das Dolmetschen erleichtert.

Zweisprachige dolmetschen meist gern und gut als notwendiges Verbindungsglied zwischen Einsprachigen. Ihre Übersetzungen sind situationsangemessen und idiomatisch treffend. Wörtliche Übersetzungen findet man bei ihnen selten.

Zweisprachige übersetzen nicht gern, wenn dadurch ihre Zweisprachigkeit überprüft werden soll.

Eine wichtige Rolle spielt das Übersetzen auch für den Sprachvergleich. Besonders die Äquivalenz von Wörtern in beiden Sprachen beschäftigt Zweisprachige. Häufig bemühen sie sich, Wortschatzlücken in einer Sprache durch Übersetzungen in die andere Sprache auszugleichen. Sie erfragen dann gerne die Übersetzung von Wörtern.

Ausnahmen vom Partnerprinzip

In obiger Situation haben wir gesehen, wie sich Jens eine kleine Abweichung vom Partnerprinzip erlaubt. Es gibt eine Reihe von Fällen, in denen eine Abweichung von der normalen Sprachordnung erlaubt oder erforderlich ist. Die Abweichungsregeln sind für die Mutter und die Kinder nicht immer identisch. Sie gehorchen zum Teil äußeren Konstellationen und zum anderen inneren Bedürfnissen und Motiven. Sehen wir uns die wichtigsten Ausnahmesituationen an:

Wann sprechen die Kinder mit der Mutter deutsch?

Für diese Ausnahme gibt es vier ziemlich festgelegte Situationen:

(1) In Momenten höchster Aufregung dominiert die **starke Sprache** deutsch so, daß das Partnerprinzip zum Teil außer Kraft gesetzt wird. Die Sprache der Aufregung ist ziemlich partnerunabhängig deutsch. Ein Beispiel:

Olivier und Jens besitzen drei Hasen. Einer ist weggelaufen, weil die Tür des Käfigs offenstand.
Olivier rennt zu seiner Mutter und sagt ganz aufgeregt:

„Vite, vite le Hase est weg!“

Nach einigen Sekunden korrigiert er sich selbst:

„Le lapin est parti.“

Das Beispiel zeigt, wie Olivier zunächst versucht, dem Partnerprinzip zu folgen: Er beginnt auf französisch. Es zeigt auch, welche Elemente des Französischen stark genug für diese Situation sind: das häufig gebrauchte Adverb *vite* und die Prädikatsstruktur mit *est.* Der eigentlich informative Teil der Äußerung, die wichtigen Wörter und Sinnträger *Hase* und *weg* sind dann jedoch der **starken Sprache** entnommen, die einfach besser verfügbar ist. Unter zwei konkurrierenden Prinzipien: Partnerprinzip – Ökonomieprinzip setzt sich die Ausdrucksökonomie besser durch.

(2) Wenn die Kinder auf die Mutter wütend sind, drücken sie ihre Wut auf deutsch aus. Ein Beispiel:

Olivier (3,6 Jahre) und Jens (2,2 Jahre) sind in der Badewanne und bespritzen das ganze Bad. Die Mutter hat schon mehrmals erfolglos gebeten, daß sie aufhören. Nach einer letzten Bitte bekommen die Kinder eine Ohrfeige. Beide sind wütend.

Jens zur Mutter:	*„Du 'pinnst, Du 'pinnkopf!"*
Olivier:	*„Mama ist doof! Mama ist doof!"* (Hier wird die Mutter nicht mehr mit *[mamã]* sondern mit *[Mama]* angesprochen)
Jens:	*„Ja, Mama ist doof!"*
Mutter:	*„Vous avez fini de dire des bêtises? Arrêtez-vous plutôt de faire sauter de l'eau partout!"*
Olivier:	*„Nein, wir hören nicht auf!"*
Mutter:	*„Je ne comprends pas! Si tu as quelque chose à me dire, dis-le en français!"*

Mutter und Kinder wissen sehr gut, daß diese letzte Behauptung objektiv nicht stimmt. Subjektiv jedoch ist sie richtig. Sie stellt nämlich die richtige Rollenverteilung wieder her, und die beruht nun einmal auf der Abmachung, daß die Mutter kein deutsch versteht, und die Kinder sie auf französisch anzusprechen haben. Daraufhin geht das Gespräch auf französisch weiter. Also nur in der größten Wut wird auf deutsch geschimpft. Die Sprache der Wut scheint ein Sonderfall der Sprache der Aufregung zu sein: die Erregung setzt momentan das Partnerprinzip außer Kraft.

Es ist jedoch zu beobachten, daß die Kinder halb im Spiel, halb im Ernst ebenfalls gern die Sprache wechseln, um den Partner zu „beschimpfen". Der französische Großvater wird manchmal auf deutsch *„Du alter Brillenkopf, Du"*, die Mutter wird auf deutsch, der Vater auf französisch beschimpft.

Hier setzen die Kinder *bewußt* das Partnerprinzip außer Kraft, wechseln die Sprache mit dem Ziel, eine Verfremdung ihrer „Beschimpfung" zu erreichen. „Beschimpfungen" in der anormalen Sprache sind effektvoller. Die „Fremdsprache" mag hier von den Kindern bewußt als Geheim- und Komplizensprache benutzt werden. Ihr Gebrauch gewährt eine gewisse Tarnung und soll möglicherweise vor Bestrafung schützen.

(3) Wenn die Mutter im Spiel die Rolle eines Deutschen übernimmt, muß sie selbst deutsch sprechen und die Kinder sprechen auch mit ihr deutsch. Ein Beispiel für diese Situation:

Jens (3,2 Jahre) spielt mit Autos und spricht dabei deutsch. Er hat einen Unfall vorgetäuscht und ruft die Mutter, die die Rolle eines Feuerwehrmannes spielen soll:

Jens zur Mutter: *„T'es pompier maintenant. Viens vite!“*
Mutter: *„Pimpon ... j'arrive. C'est grave, monsieur?“*
Jens: *„Non, t'es un pompier allemand! Pas comme ça!“*
Mutter: *„Ah bon! Ta-tü-ta-ta- Wo ist der Unfall?*
Jens: *„Da Feuerwehr, schnell!“*

Hier kann das Partnerprinzip außer Kraft gesetzt werden, weil die Mutter in den Augen der Kinder eine andere Identität (Rolle) angenommen hat. Sie signalisieren diesen Wechsel ganz konsequent durch den Sprachwechsel.

(4) Die letzte Situation, in der die Kinder mit der Mutter deutsch sprechen, ist die Berichterstattung eines Gesprächs, das die Kinder mit Deutschen gehabt haben. Die Kinder zitieren sich selbst auf deutsch, während die Äußerungen des Gesprächspartners auf französisch erzählt werden. Ein Beispiel dafür:

Olivier (4,1 Jahre) erzählt einen Vorfall aus dem Kindergarten, als die Mutter ihn abholt. Er hat an diesem Tag im Kindergarten Mittagsschlaf gehalten.

Olivier zur Mutter:
„Moi, je pouvais pas dormir parce que Diana m'a embêté. Alors j'ai dit à Frau Hermann: „Diana ärgert mich!“ Frau Hermann a dit à Diana d'arrêter. Moi aussi, j'ai dit à Diana: „Hör auf!“ Mais elle voulait pas. Alors Frau Hermann a dit: „Dors Olivier et écoute pas Diana!“ mais moi j'ai dit: „Ich kann nicht schlafen! Ich bin nicht mehr müde!“ Mais j'étais quand même fatigué, alors j'ai dormi!“

Das Deutsche gibt der Erzählung seine Echtheit. Die Selbstzitate heben sich deutlich gegen die nur berichteten Äußerungen der Gesprächspartner ab. Olivier mag dadurch signalisieren, wie wichtig er doch seine eigenen Argumente fand und diese Sonderrolle kann er durch den Sprachwechsel besonders gut verdeutlichen.

Eine Variante dazu ist folgendes Beispiel:

Olivier (4,8 Jahre) ist mit der Mutter im Garten. Die Mutter findet eine Schnecke und wirft sie in den benachbarten Garten.
Olivier (zornig): *„Ça, c'est une bêtise! On fait pas ça!“*
Mutter: *„Oh! Le pauvre escargot! Il voulait un peu voyager!“*
Olivier (lacht): *„Oui, mais quand le voisin va être là, je vais lui dire: ‚Herr ... (= der Nachbar), meine Mama wirft Schnecken in Ihren Garten!‘ Et il va te disputer!“*

Hier übernimmt Olivier eine Rolle in einem fiktiven Gespräch mit dem Nachbarn. Um dieser Rolle größere Echtheit und seinen Worten größeres Gewicht zu verleihen, zitiert er sich selbst auf deutsch. Die Beispiele zeigen, daß Zweisprachige über mannigfaltige Möglichkeiten verfügen, poetische Sprachfunktionen wie Spiel, Ernst, Echtheit, Verfremdung durch den differenzierten Einsatz beider Sprachen zu erreichen. Gerade das Abweichen von der normalen **Sprachverteilungsordnung** erlaubt es, neue und reizvolle Effekte zu erzielen.

Wir sagten oben, daß die Ausnahmen für die Mutter und die Kinder nicht dieselben sind. Es gibt in der Tat einige Situationen, in denen nur die Mutter die Sprache wechseln darf oder auch muß, die Kinder jedoch nicht.

Wann spricht die Mutter deutsch mit den Kindern?

Es gibt einige Situationen, in denen die Mutter nicht eigentlich deutsch mit den Kindern spricht, wohl aber deutsche Wörter oder Wendungen gebrauchen darf bzw. muß. Einmal geschieht das in der Rolle als Übersetzerin, die sie zwar ablehnt, aber in manchen Notlagen spielen muß. Ein Beispiel:

Die Kinder haben mit der Mutter *une tarte aux cerises* gebacken, die deutsche Großmutter ruft an, die Kinder sprechen mit ihr und wollen erzählen, daß sie eben die *tarte aux cerises* gebacken haben. Sie haben jedoch das deutsche Wort dafür nicht verfügbar und wenden sich in der Not an die Mutter: *„Comment on dit tarte aux cerises en allemand?"* Die Mutter muß dann übersetzen.

Auch bestimmte Namen von Fernsehsendungen, von Süßigkeiten u.ä. werden von der Mutter in deutscher Sprache benutzt.

In obigen Fällen handelt es sich nur um den punktuellen Gebrauch der deutschen Sprache. In der Lesesituation jedoch darf die Mutter Bücher auch auf deutsch vorlesen, wenn sie erklärt hat, daß das Buch auf deutsch geschrieben ist und auf französisch nicht so schön wäre. Deutsch wird als Lesesprache der Mutter toleriert, gilt jedoch als Ausnahme. Mit 4,2 Jahren bemerkt Olivier einmal in einer solchen Situation: *„Tu peux traduire!"*

Für das Empfinden der Kinder hat die Mutter in dieser Ausnahmesituation die **Sprachverteilungsordnung** gestört. Die **funktionale Sprachtrennung** wird unnötigerweise durchbrochen, was, wie wir sehen werden, zu einigen Verwirrungen und Konflikten – insbesondere beim Umschalten – führen wird.

Die neueren und komplexeren Sprachverteilungsregeln sehen nun wie folgt aus:

Hauptregel:
Die Mutter benutzt die französische Sprache.

Ausnahme:
Beim Vorlesen darf sie deutsch oder französisch wählen.
Es folgt daraus, daß die „Lesesprache" der Kinder ohne funktionale Trennung deutsch und französisch ist.

Eine anders geartete Ausnahme ist die Gruppensituation, wenn die Kinder mit anderen deutschen Kindern spielen: Wendet sich die Mutter an die Gruppe, darf sie Jens und Olivier in der Gruppe auch auf deutsch ansprechen. Die Kinder jedoch dürfen dann nicht vom Partnerprinzip abweichen, sie bleiben gegenüber der Mutter beim Französischen.

Ein Beispiel:
Deutsche Kinder spielen mit Olivier und Jens. Jens schreit.
Mutter: *„Was ist los? Habt Ihr Jens gestoßen?"* (Sie schaut Olivier an)
Ein Kind: *„Olivier hat Jens geschubst!"*
Olivier zur Mutter: *„Non, c'est pas moi! Jens est tombé tout seul!"*

Auf gar keinen Fall darf die Mutter andere deutsche Kinder auf französisch ansprechen.

Auch hier ein Beispiel:
Olivier (3,6 Jahre) kann von seinem deutschen Cousin nicht erreichen, daß dieser ihm einen Lastwagen zum Spielen gibt.
Olivier zur Mutter: *„Dis à Mark* (Cousin) *il me donne son camion!"*
Mutter zu Mark: *„Mark, Olivier voudrait le camion!"*
Olivier (zornig): *„Non, pas comme ça!"*
Mutter: *„Mark, donne le camion à Olivier, s'il te plaît!"*
Olivier (wütend): *„Pas comme ça! En allemand!"*

Diese Fälle rufen heftige Proteste seitens Oliviers und Jens' hervor. Es wird auch protestiert, wenn diese deutschen Kinder französisch verstehen. In Frankreich jedoch ist es erlaubt, daß die Mutter andere französische Kinder auf französisch anspricht. Das Ordnungsprinzip, das die Kinder der Mutter auferlegen, ist einfach und streng:

deutsche Kinder – deutsche Sprache
französische Kinder – französische Sprache
Olivier und Jens – französische Sprache

Wann sprechen die Kinder französisch mit Deutschen und deutsch mit Franzosen?

Wenden wir uns nun dem anders gearteten Ausnahmefall zu, daß die Kinder französisch mit Deutschen und untereinander sprechen. Wir müssen hier zwischen Jens und Olivier unterscheiden: Olivier hält sich lange strikt an die Muttersprache des Gesprächspartners. Er merkt sehr schnell (meist an der Aussprache), wenn Deutsche ihn in französisch ansprechen. Er mag das gar nicht, antwortet bis zum 5. Lebensjahr immer auf deutsch, später hin und wieder auch kurz auf französisch. Vielleicht hat er den Eindruck, daß er hier geprüft werden soll. Es gibt in der Tat unter den Bekannten der Eltern viele Neugierige, die feststellen möchten, wie zweisprachig denn nun die Kinder sind, und die darum einen kleinen Sprachtest veranstalten wollen, indem sie die Kinder in beiden Sprachen ansprechen.

Jens reagiert flexibler als Olivier. Sobald ihn Bekannte in französisch ansprechen, schaltet er auf französisch um, „zieht seine Schau ab“ und versäumt es selten, sich über den deutschen Gesprächspartner lustig zu machen. Ein Beispiel dafür: Jens (3,4 Jahre) wird von einem deutschen Bekannten mit *„Bonjour!“* begrüßt.

Jens: *„Bonjour, ça va? (lacht) „Regarde, des vers de terre, t'a vu?“* (er spricht sehr schnell)
Bekannter: *„Ääh?“* (er hat nicht verstanden)
Jens: *„Oui, là, vite, vite!“* (lacht)

Und nun produziert Jens sehr schnell eine Serie pseudofranzösischer Wörter ohne Sinn und Zusammenhang. Der Bekannte schaut ihn entgeistert an. Jens hat sein Ziel erreicht. Danach wird normal in deutsch weitergesprochen. Eine sehr ähnliche Situation spielt sich auch in Frankreich ab, als der französische Onkel zu Besuch kommt. Er spricht vier deutsche Wörter: *Tag, danke, bitte, ja* und begrüßt Jens in deutsch:

Onkel zu Jens:	*„Tag!"*
Jens (erstaunt):	*„Tag, na?"*
Onkel (lacht):	*„Ja"*
Jens (lacht):	*„Kommst Du mit?"*
Onkel.	*Arrête! Je n'ai rien compris!"*
Jens:	*„Où est ta voiture?"* ... usw. auf französisch

Der „Ausflug" in die nicht normale Sprache ist nur kurz. Jens erblickt darin mehr oder weniger reinen Spaß, Olivier fühlt sich in seinem Ordnungsprinzip gestört und lehnt solche Abweichungen ab.

Wie bereits erwähnt, ist die normale Geschwistersprache untereinander deutsch. Es gibt allerdings zwei Situationen, in denen die Brüder miteinander auch französisch sprechen, wenn man in diesen Fällen überhaupt von „sprechen" sprechen darf.

(1) Sie singen miteinander französische Lieder, die sie von der Mutter gelernt haben. Ihre Tätigkeit ist weitgehend reproduktiv. Gehen sie indes daran, zu einer französischen Melodie einen neuen Text zu erfinden, so geschieht das immer in deutsch. Die **starke Sprache** ist die kreativere Sprache.

(2) Wenn sie sich über die Mutter lustig machen, imitieren sie sie auf französisch: Sie übernehmen die Rolle und Sprache der Mutter:

Die Mutter hat Jens (2,1 Jahre) darauf aufmerksam gemacht, daß er seine Spielsachen aufräumen soll.

Mutter:	*„Range tes jouets, Jens. On ne peut plus marcher dans ta chambre, tellement elle est pleine!"*
Olivier (3,5 Jahre) zu Jens:	*„Range tes affaires! Un peu vite! Ta chambre est pas jolie! Dépêche -toi!" (lacht)*
Jens (lacht) zu Olivier:	*„Oui, oui."*

Was sie für sich selbst in Anspruch nehmen, gestatten sie jedoch dem Vater nicht. Wenn er es wagt, die Mutter in französisch anzusprechen oder auch nur ihren französischen Akzent im Deutschen nachzuahmen, wird er von den Kindern streng zurechtgewiesen: *„Nicht wie Mama!"*

Vielleicht möchten sie – ritterlich – die Mutter vor Spott beschützen, vielleicht stört es sie auch nur, daß der Vater das Französische der Mutter schlecht nachahmt, vielleicht empfinden sie den französischen Akzent der Mutter im Deutschen als Makel, den sie lieber tabuisieren, darum darf der Vater ihn nicht nachahmen.

Es ist jedenfalls häufiger zu beobachten, daß zweisprachige Kinder gegenüber sprachlichen Schwächen der eigenen Eltern besonders sensibel sind, sie tabuisieren oder auch aggressiv korrigieren.

Es sei abschließend erwähnt, daß Jens Tiere immer in französisch anspricht. Er hat eine sehr enge Beziehung zu Katzen, Hunden, Hamstern usw., und er drückt diese affektive Beziehung in jeder Umgebung in französisch aus. Ein Beispiel:

Jens kommt mit seiner Mutter vom Einkaufen zurück und wendet sich seiner Katze zu:
„Ça y est, on est revenu. T'étais toute seule. T'étais triste, ma pauvre. Moi aussi, j'étais triste. Mais maintenant, on est là!"

Olivier paßt die Tiersprache der Umgebungssprache an: In Deutschland spricht er deutsch mit den Tieren und in Frankreich französisch.

Warum sich bei beiden Kindern solche unterschiedlichen Ordnungen für die Tiersprachen herausgebildet haben, ist schwer zu ergründen. Vielleicht ist für Jens, der zu Tieren ein besonders inniges Verhältnis hat, Französisch als **Muttersprache** besonders affektiv besetzt?

Sprachliche Ordnungen in Frankreich

Mehrmals im Jahr verbringen die Kinder ihre Ferien bei den französischen Großeltern in Frankreich. Diese Aufenthalte sind für die Entwicklung der **schwachen Sprache** höchst wichtig, wird doch dann französisch **Familien-** und **Umgebungssprache**, aus einer Minderheitssprache wird eine Mehrheitssprache. Welche Sprachordnungen bilden die Kinder dabei heraus?

(1) Mit dem Vater und untereinander wird weiter nur deutsch gesprochen.
(2) Der Wechsel der Familiensprache vollzieht sich problemlos. Es ist für die Kinder normal, daß in Anwesenheit der Großeltern in der großen Familie französisch gesprochen wird. Ist jedoch nur die engere Familie zusammen, bleibt man bei der Familiensprache deutsch. Hierbei spielt wohl die Rücksicht auf den deutschsprechenden Vater die Hauptrolle.
(3) Am auffälligsten sind die Reaktionen auf den Wechsel der **Umgebungssprache.** Olivier und Jens reagieren sehr verschieden.

Bei den ersten Besuchen, bis ca. 3,5 Jahre, ist Olivier jedesmal sehr erstaunt, daß in der Umgebung französisch gesprochen wird. Er bemerkt verwundert: *„ouh, il parle français!“* Er spricht mit Fremden kein französisch und wendet sich ab, wenn er angesprochen wird. Französische Kinder spricht er zunächst deutsch an, nach seiner Ordnung gehören Kinder zur Gruppe der Deutschsprechenden. Da die französischen Kinder ihn nicht verstehen, kommen keine Kontakte zustande. Ab ca. 3,5 Jahre fängt Olivier an, seine Ordnung für die Umgebungssprache zu ändern. Er beginnt, mit Fremden in Frankreich, sehr zurückhaltend, französisch zu sprechen. Französische Kinder spricht er nicht mehr in deutsch an, aber auch noch nicht in französisch, vorerst beobachtet er noch und wartet ab.

Mit etwa 4,5 Jahren ist die Ordnung für die neue **Umgebungssprache** hergestellt. Die ganze Umgebung, dazu gehören jetzt auch Kinder und Tiere, wird nun in französisch angesprochen. Olivier versucht aber gerne, seiner Umgebung deutsch beizubringen. Insbesondere die französischen Großeltern erhalten häufig Deutschunterricht. Ein Beispiel:

Olivier: (4,11 Jahre) „liest“ mit seiner französischen Großmutter. Ohne ersichtlichen Grund fragt er: *„Tu sais comment on dit ‚oiseau‘ en allemand?“*
Großmutter: *„Non, je ne sais pas.“*
Olivier: *„On dit „Vogel“. Essaie de dire ça!“*
Großmutter: *„Vo-gél.“ [woʒɛ́l] und [wogɛ́l]*
Olivier: *„Non, pas comme ça. – Vógel!“ [fógəl].*

Diese Art der Sprachlehre zeigt, worin sich nach Oliviers Meinung das Deutsche und Französische unterscheiden: Beide Sprachen haben verschiedene Wörter, um die Dinge der Welt zu bezeichnen, die Wörter werden auch verschieden ausgesprochen. Es genügt, diese verschiedenen Wörter zu beherrschen, um zweisprachig zu sein. Unterschiede in der Grammatik werden nicht gelehrt.

Jens hatte von Anfang an mit dem Wechsel der Umgebungssprache keine Probleme. Er paßte sich der neuen Situation und Sprachordnung fast mühelos an. Lediglich mit Kindern versuchte er, kurz deutsch zu sprechen. Als er jedoch merkte, daß sie nicht reagierten, schaltete er sofort auf französisch um und blieb dann in Frankreich bei der neuen Umgebungssprache.

Traumsprachen

Wir wollen hier noch einige Bemerkungen zur Sprache des Traumes machen, denn es wird öfters behauptet, daß man nur in seiner **Muttersprache** träumt. Nach den Erzählungen der Kinder finden sich die oben genannten **Sprachverteilungsordnungen** auch im Traum wieder: Sie sprechen französisch mit der Mutter, deutsch mit dem Vater und untereinander. In französischer Umgebung träumen die Kinder in französischer Sprache, in Deutschland träumen sie in deutscher Sprache. Jens spricht mit seinen Tieren im Traum französisch. Olivier jeweils die Umgebungssprache. Besondere Geheimnisse sind an der Traumsprache nicht zu entdecken.

Probleme in der Sprachverteilung

Wir haben bis jetzt die Regel und einige Ausnahmen von dieser Regel bei den Sprachverteilungen kennengelernt. Es gibt jedoch darüber hinaus immer wieder Situationen, in denen Unsicherheiten auftreten, weil es zu Konflikten zwischen dem Partnerprinzip und anderen Prinzipien kommt. In Fällen der Aufregung und Wut haben wir bereits solche Konflikte zwischen dem Ökonomie- und Partnerprinzip kennengelernt. Zwei weitere Konfliktsituationen wollen wir uns stellvertretend für viele andere ansehen:

Im Elternhaus von Olivier und Jens verkehren häufig Mischgruppen, bestehend aus deutschen und französischen Freunden der Eltern. In diesen Gruppen wird manchmal deutsch, manchmal französisch, noch häufiger eine deutsch-französische **Mischsprache** gesprochen. Verbringen die Kinder den Nachmittag gemeinsam mit einer solchen Gruppe, kann die Sprachverteilungsordnung in Unordnung geraten. Wird z.B. in der Gruppe nur deutsch gesprochen, so sprechen die Kinder auch deutsch zu Franzosen, die sie normalerweise in französisch ansprechen. Sie folgen dem Trägheitsprinzip und bleiben bei der „eingefahrenen" deutschen Sprache. Nur die Mutter wird auch in solchen Situationen weiter französisch angeredet. Ihr gegenüber ist das Partnerprinzip stärker als das Trägheitsprinzip. Wird in der Gruppe jedoch nur französisch gesprochen, macht sich das Trägheitsprinzip – in Deutschland – nicht so stark bemerkbar. Die Kinder behalten deutsch für deutsche Partner bei, sprechen jedoch mit den französischen Partnern flüssiger und besser französisch. Hier wirkt sich ein Übungseffekt und Nachhalleffekt positiv aus.

Das Trägheitsprinzip – im gewissen Sinne eine Variante des Ökonomieprinzips – wirkt deutlich zugunsten der **starken Sprache**. Die Sprachverteilungsordnungen werden auf Kosten der **schwachen Sprache** geändert. Problematisch sind die Situationen, in denen in der Erwachsenengruppe die Sprachen ständig gemischt werden. In solcher Gesellschaft nimmt auch die Bereitschaft der Kinder zur **Sprachmischung** zu. Darüber mehr in Kapitel 7.

An anderer Stelle gibt es ebenfalls Probleme mit der Sprachverteilung. Es handelt sich um Situationen, in denen das Französische zum Deutschen Metasprache* ist oder umgekehrt. Ein Beispiel dafür:

Die Mutter ist mit Olivier in einer Fleischerei. Die Verkäuferin steckt dem Kind eine Scheibe Wurst zu. Da Olivier sich nicht bedankt, fordert die Mutter ihn auf: *„Dis merci!"* Worauf Olivier zur Verkäuferin *„merci"* sagt, obwohl er sonst in deutschen Geschäften immer deutsch spricht. Die Verwirrung rührt daher, daß Olivier nicht – wie ein einsprachiges Kind – einfach die metasprachliche* Aufforderung seiner Mutter aufgreifen und imitieren kann, sondern daß er die französische Aufforderung erst in die deutsche Ausführungssprache übersetzen muß. Nach einigen Versuchen gelingt das auch weitgehend fehlerfrei.

Die aufgeführten Beispiele sollen illustrieren, wie und warum die normalen Sprachverteilungsregeln durcheinander kommen können. Es gibt sehr viele solcher „schwierigen" Konstellationen. Da die Kinder und Eltern jedoch immer wieder zu den festen Regeln zurückfinden, stören diese kleinen Verwirrungen insgesamt nicht das übergeordnete Prinzip der **funktionalen Sprachtrennung**.

---

* Metasprache ist die Sprache, mit der wir über Sprache sprechen.

Das Umschalten: der Sprachwechsel

Wir haben gesehen, daß die normalen Sprachordnungen und ihre Ausnahmen ein ständiges Umschalten von einer Sprache zur anderen erfordern. In der ersten Zeit schalten die Kinder nur die Sprache um, behalten jedoch im Französischen ihre deutsche Sprachgestik und -mimik bei. Ihr Redefluß ist in der **schwachen Sprache** auch stockender als in der **starken Sprache** deutsch. Wir haben kleine Deutsche vor uns, die französisch sprechen.

Ab ca. 5 Jahren, nach einigen längeren Frankreichaufenthalten, wird „total" umgeschaltet. Sprache und Sprachverhalten werden französisch, typisch französische Handgesten begleiten die Aussagen, der Sprachrhythmus wird im Französischen schneller und fließender. Die Kinder werden im Französischen zu kleinen Franzosen.

Der normale Sprachwechsel wird durch den Partner ausgelöst. Die Eltern fühlen sich nicht angesprochen und reagieren nicht, wenn die falsche Sprache benutzt wird. Die Kinder sprechen mit jedem Elternteil automatisch die richtige Sprache. Sie sind auch sehr früh in der Lage gewesen, sich selbst zu verbessern, wenn sie nicht rechtzeitig umgeschaltet haben. Ein Beispiel dafür:

Jens (2,2 Jahre) hat mit seiner Mutter ein Bild mit einem Boot betrachtet. Am Abend betrachtet er das gleiche Bild mit seinem Vater: *„Bat ... Boot."* Jens schaltet noch rechtzeitig um, indem er anstatt *bateau Boot* sagt.

In einigen festen Situationen sind die Kinder gewöhnt, von einem bestimmten Partner auch in der falschen Sprache angesprochen zu werden. Das Umschalten in diese Sprache ist dann schon vorprogrammiert. Eine solche Situation ist die Vorlesesituation, hierbei darf, wie wir gesehen haben, die Mutter in der „falschen" Sprache, nämlich in deutsch, vorlesen. Die Kinder sind darauf eingestellt. Ein Beispiel dafür:

Jens (2,3 Jahre) und Olivier (3,7 Jahre) lesen vor dem Zubettgehen mit der Mutter wiederholt eine deutsche Geschichte, die von Zeichnungen unterbrochen wird. Die dort gezeichneten Dinge müssen von den Kindern benannt werden, zum Beispiel:

Ausnahmsweise beginnt die Mutter an diesem Tag die Geschichte in französisch:
„C'est un ..."
Jens: *„– Schwein"*
Mutter: *„– Il va dans une ..."*
Jens: (sagt nichts mehr)
Olivier: *„– Ah non! Das ist ein ..."*
Jens: *„– Cochon!"*
Olivier lacht, Jens auch.

Das ist ein  *Es geht in das* 

und zu einem 

Jens hatte sich auf die deutsche Erzählung eingestellt, deshalb sagt er „*Schwein*“. Beim zweiten französischen Satz verstummt er, um gedanklich umzuschalten; Olivier protestiert und fordert den deutschen Anfang: „das ist ein ...“, Jens hat mittlerweile umgeschaltet und antwortet in französisch „*cochon*“.

Es ist deutlich, daß nicht nur der Partner, sondern auch dessen Sprachwahl zum Umschalten auffordert. Normalerweise spricht der Partner die „richtige“ Sprache, Partner und Sprache schalten in dieselbe Richtung um. Es kann aber auch vorkommen, daß der Partner überraschend Wörter der „falschen“ Sprache gebraucht, in diesen Fällen kommt es beim Umschalten zu Konflikten: Soll das Kind nach dem Partner oder nach dessen Sprache umschalten?

Die Mutter gebraucht im Französischen einige deutsche Wörter, weil sie nicht übersetzbar sind, z.B. die Titel der Fernsehsendungen *Sesamstraße, Sendung mit der Maus, Das feuerrote Spielmobil, Biene Maja*, dazu auch die Namen einiger deutscher Süßigkeiten wie z.B. *Gummibärchen.*

Anfangs kam es beim Gebrauch dieser deutschen Namen durch die Mutter zu „Schaltproblemen“, z.B.:

Olivier (4,7 Jahre) und Jens (3,3 Jahre) spielen. Die Mutter fragt: „*Vous voulez voir la* ‚Sendung mit der Maus‘?
Olivier: „*O ja! ... eh ... oui!*“ (das gleiche bei ?“„*vous voulez un ‚Gummibärchen‘)*

Oh ja! ... eh ... oui! zeigen an, daß sich Olivier hier kurz „verschaltet" hat, die deutschen Wörter haben ein Umschalten ins Deutsche ausgelöst. Hier muß wieder zurückgeschaltet werden.

Die Funktion von Auslösewörtern für das Umschalten läßt sich auch gut am folgenden Dialog ablesen.

Olivier (3,7 Jahre) will mit seiner deutschen Großmutter telefonieren, um ihr zu erzählen, daß er sich am Finger wehgetan hat. Die Mutter ist dabei, die Telefonnummer zu wählen, als es Olivier einfällt, daß er nur den französischen Ausdruck kennt.

Olivier zur Mutter: *„Arrête! Comment on dit en allemand „J'ai mal au doigt"?"*
Mutter: *„Mein Finger tut weh!"*
Olivier: *„Was ... eh ... quoi?"*
Mutter: *„Mein Finger tut weh!"*
Olivier: *„Ah bon! Mein Finger tut weh!"*

Der deutsche Ausdruck löste bei Olivier das Umschalten aus („*was*"). Er merkt aber sofort, daß dies ein Irrtum war und schaltet wieder zurück ins Französische.

Ständiges Training spielt für das Umschalten eine wichtige Rolle. Sind die Kinder längere Zeit in einsprachiger Umgebung gewesen, so haben sie das Umschalten „verlernt". Das macht sich deutlich nach dem Kindergarten bemerkbar, wo sie den ganzen Vormittag nur deutsch sprechen. Bei Tisch zu Hause brauchen sie einige Zeit, bis der „Schaltmechanismus" wieder richtig geübt ist.

Jeder Umschaltvorgang erfordert eine genaue Synchronisation komplexer mentaler und psychomotorischer Aktivitäten. Manchmal läuft das Umschalten so schnell ab, daß die Grammatik der neuen Sprache mit der Planung nicht mitkommt. Die alte Sprache klingt nach dem Trägheitsprinzip noch nach. Ein Beispiel dafür:

Jens (3,2) zu Olivier: „*Guck mal, die Schnecke! Sie geht raus!*
zur Mutter: „*Regarde-la! Elle sort.*"

Sonst sagte er im Französischen immer korrekt *un escargot – il*. Hier hat er das Genus von der einen Sprache zur anderen nicht schnell genug umgeschaltet.

Auch das Gegenteil hiervon ist zu beobachten. Die Kinder schalten im Geiste schon um, sind aber noch in der alten Sprache und antizipieren hier bereits Elemente der neuen Sprache. Das passiert besonders häufig bei Wörtern, die in beiden Sprachen ähnlich vorhanden sind: Tiernamen wie *Puma, Tiger, Giraffe*; Obstnamen wie *Orange, Mirabelle* etc. sind ausgesprochene Umschaltwörter, die die Sprache auf ein neues Gleis bringen. Die Kinder sprechen auf deutsch über die *Tiger*, plötzlich nennen sie ihn *tigre* und sprechen dann zur Mutter gewandt auf französisch weiter.

Es ist in diesen Fällen freilich schwer zu entscheiden, ob sie das Wort zum Umschalten verführt hat, oder ob der Sprachwechsel geplant war und dann ein besonders günstiges Umschaltwort gesucht wurde.

Nach außen sehen solche Äußerungen wie **Sprachmischungen** oder **Interferenzen** aus. Es handelt sich jedoch um etwas prinzipiell anderes: um **funktionalen Sprachgebrauch**. Fehlgelaufen ist nur der Umschaltvorgang.

Umschalten: – Sprachwechsel

Das Umschalten gilt als eine der bewundernswertesten Leistungen des Zweisprachigen. Es ist in der Tat erstaunlich, mit welcher Geschwindigkeit und Leichtigkeit von einer zur anderen Sprache gewechselt wird. Das totale Umschalten erfaßt nicht nur die Sprache, sondern auch Sprachgestik und -mimik, Sprachrhythmus und -geschwindigkeit. Der Zweisprachige kann so beim Umschalten den Eindruck erwecken, sich in eine andere Person zu verwandeln. Dieser Wechsel erfordert eine hochgradig geistige und psychomotorische Aktivität und ist das Resultat ständigen Trainings. Das Umschalten ist an die **funktionale Sprachtrennung** gebunden. Die Faktoren, nach denen die Sprachen getrennt werden, lösen auch den Wechsel aus. Der Umschaltvorgang ist damit funktional gesteuert. Die häufigsten Auslösefaktoren sind die folgenden:

- der Gesprächspartner als Person
- die Sprache des Partners
- bestimmte Gesprächsthemen
- Rücksicht auf eine Person, die neu dazukommt und die andere Sprache nicht versteht
- bestimmte Institutionen (z.B. Schule)

Der Zweisprachige verfügt mit seinen beiden Sprachen über ein vielschichtiges Ausdrucksinstrument. Je stärker beide Sprachen sind, umso vielfältiger kann er in der Rede je nach Wunsch und Bedarf verschiedene Register ziehen, indem er immer wieder umschaltet. Besonders Zweisprachige untereinander spielen diese Möglichkeiten oft virtuos aus: Aus Streben nach Genauigkeit schalten sie bei bestimmten Wörtern in die andere Sprache, weil diese Wörter nicht übersetzbar sind (*je veux un „Gummibärchen"*). Sprachspiele, Zitate, Anspielungen, metasprachliche Kommentare lassen sich mit Hilfe zweier Sprachen oft effektvoller gestalten als nur mit einer.
Einsprachigen erscheinen diese ständigen Sprachwechsel oft als **Sprachmischung**, weil sie die mannigfaltigen Funktionen des Umschaltens nicht wahrnehmen. Freilich ist nicht jeder Sprachwechsel auch funktional. Wir wollen das Ergebnis dann **Sprachmischung** nennen. Es gibt Umschaltvorgänge aus Sprachnot in der **schwachen Sprache** zur **starken Sprache,** auch aus Bequemlichkeit wird gemischt. Desgleichen kann der komplexe psycholinguistische Prozeß des Umschaltens zur **Sprachmischung** führen. Wird innerhalb einer Äußerung umgeschaltet, so passiert das häufiger bei bestimmten Umschaltwörtern. Es handelt sich dabei um Wörter, die in beiden Sprachen ähnlich klingen, und die die Sprachen darum auf das andere Gleis zu schieben vermögen. Da das Umschalten meist in Bruchteilen von Sekunden passiert, kommt es öfter zu „Fehlschaltungen". Sie sind auf eine nicht vollständige Koordination zwischen geistiger und sprachlicher Aktivität zurückzuführen. Bei Einsprachigen finden wir ganz ähnliche „Fehlschaltungen" in Versprechern, sprachlichen Fehlleistungen u.ä. Wie der Vorgang des Umschaltens mental abläuft, ist weitgehend unbekannt. Um Genaueres darüber zu erforschen, müßten wir wissen, ob Zweisprachige über zwei getrennte sprachliche Speicher verfügen und wie sie die Sprachen aus den Speichern abrufen **(→ Interferenz).**

5 Beobachtungen zur sprachlichen Entwicklung der Kinder

Wir werden im folgenden einzelsprachliche Entwicklungen nur soweit skizzieren, wie sie für den Vergleich des Erwerbs zweier Sprachen interessant sind. Einflüsse der einen Sprache auf die andere: **Interferenzen** und **Sprachmischungen** behandeln wir im 7. Kapitel.

Das Bewußtsein der Zweisprachigkeit

Da beide Kinder eine unterschiedliche Sprachentwicklung zeigten, wollen wir uns getrennt mit jedem Kind beschäftigen.

OLIVIER

Mit 15 Monaten fängt Olivier an, einige Wörter zu sprechen. Er gebraucht ohne Rücksicht auf die Sprache des Partners kindersprachliche Schöpfungen oder ungefähre Nachahmungen aus einer Sprache. Zum Beispiel wird *baba* (Nachahmung von *boire*?) für *trinken / boire* in beiden Sprachen benutzt. Er versteht aber beides: *boire* und *trinken*. Mit 17 Monaten wird schon differenziert: *baba* sagt er zur Mutter, *tinten* zum Vater. Mit 19–20 Monaten setzt die Entwicklung der Sprachen richtig ein. Sie werden nun auch schon auseinandergehalten. Mit zwei Jahren weiß Olivier, daß seine Mutter und sein Vater verschiedene Sprachen sprechen. Ihm ist auch bewußt, daß seine Mutter auch deutsch, sein Vater aber nicht französisch spricht. Er fragt nämlich die Mutter häufig: *Comment dit papa?* aber seinen Vater nie: *Wie sagt Mama?* Er sagt auch *parler comme maman* und *wie Papa sprechen*. Er unterscheidet Vater- und Muttersprache.

Wenn er die Mutter ruft, sagt er [*mamã*], während er von [*mama*] spricht, wenn er sich mit Deutschen unterhält. Er ordnet also deutlich die Nasale dem französischen System zu, genauso wie er Diphtonge *[ei]*, *[au]* nur für das Deutsche gebraucht.

Mit 2,2 Jahren fragt er Vater und Mutter nach den Namen von neuen Gegenständen. Wenn der Vater abwesend ist, fragt er die Mutter, wie dieser Gegenstand auf deutsch heißt. Er benutzt die metasprachlichen Ausdrücke *deutsch/französisch* bzw. *français/allemand*, aber verwechselt sie oft. Er spricht auch von *anglais* (im Rundfunk gehört), verwechselt aber im Gespräch mit der Mutter *anglais* und *allemand*. Er fragt die

Mutter z.B. *comment ça s'appelle en anglais?* Wenn ihm die Mutter ein englisches Wort nennt, erwidert er: *Non, pas comme ça, comme papa!*

Mit 2,9 Jahren übersetzt er gern für den Vater. Ein Beispiel: Beide sind in einem Zimmer, in dem der französische Rundfunk eingeschaltet ist. Es wird von *aller se promener* gesprochen. Der Vater fragt: „*Was hat der Mann gesagt? Ich habe es nicht verstanden!*" Olivier: „*Spazieren!*"

Er weigert sich aber, eine Übersetzung zu geben, wenn er spürt, daß es dem Gesprächspartner nur darum geht zu sehen, wie Olivier übersetzen kann. Er lehnt z.B. jede Antwort ab, wenn ihn die deutsche Großmutter ohne ersichtlichen Grund fragt: *Wie sagt Mama dazu?* oder *Wie heißt das auf französisch?*

Mit 3 Jahren funktioniert das automatische **Umschalten** von einer Sprache in die andere reibungslos. Er benutzt die Ausdrücke *deutsch* und *französisch* ohne Fehler. Er ist sich seiner Zweisprachigkeit vollkommen bewußt, weiß auch, daß andere Personen einsprachig sind und benutzt seine sprachliche Überlegenheit, um z.B. den Einsprachigen elegant zu beschimpfen.

Die Fragen *comment on dit en allemand* bzw. *en français* häufen sich aus reiner Neugier. In dieser Periode soll von der Mutter alles übersetzt werden, was er im Radio, auf der Straße usw. hört, sowohl vom Deutschen ins Französische als auch umgekehrt.

Er hat den Bekannten- sowie den Verwandtenkreis in zwei feststehende Gruppen eingeordnet: Die Franzosen und die Deutschen. Zweisprachige werden in die Kategorie ihrer **starken Sprache** eingeordnet. Wenn die Mutter von einer Olivier unbekannten Person spricht, lautet seine erste Frage über diese Person: „*Il (elle) est français ou allemand*" oder „*Il (elle) parle comment?*"

Mit 4 Jahren spricht er am liebsten über Sprachen (wer welche Sprache spricht, warum das so ist usw.). Er zeigt ausgesprochen positive **Spracheinstellungen**. Er fühlt sich bevorzugt, zwei Sprachen zu können, nicht nur, weil er darum von Bekannten und Freunden bestaunt und bewundert wird, sondern auch, weil er erlebt, welche Mühe das Erlernen einer Sprache kostet (durch Nachhilfeschüler seiner Mutter).

Er weiß, daß man eine Sprache erlernen kann und bemerkt oft über Deutsche, die (schlecht) französisch sprechen: „*Il parle français, mais il a appris!*" Das gleiche gilt für Franzosen, die deutsch lernen. Er selbst gibt gerne seinen französischen Großeltern Deutschunterricht. Mit 4,3 Jahren reagiert er auf eine falsche Aussprache seines französischen Großvaters: „*Il faut, tu apprennes l'allemand et papa le français. Mais moi, je peux déjà les deux.*"

Er weiß, warum er französisch und deutsch spricht: „*Weil meine Mama Französin ist und mein Papa Deutscher.*" Er erzählt der französischen Großmutter: „*Je suis allemand et j'habite en Allemagne. Mais je suis aussi un peu français.*"

JENS

Er hat etwas früher angefangen zu sprechen als Olivier, was beim zweiten Kind normal ist.

Mit 15 Monaten besteht sein Wortschatz nur aus französischen Wörtern, weil er mehr mit der Mutter als mit dem Vater zusammen ist. Er versteht aber deutsch genauso gut wie französisch. Mit 18 Monaten spricht er immer noch mehr französisch als deutsch. Er fängt aber an, seinem Bruder auf deutsch zu antworten, wenn dieser ihn auf deutsch anspricht. Mit 22 Monaten sind beide Sprachen etwa auf demselben Niveau.

Mit 19 Monaten fängt Jens an, die Sprachen zu unterscheiden; er besitzt einige Ausdrücke in jeder Sprache, die er jeweils mit der entsprechenden Person anwendet, z.B. sagt er *ch-ch* (= *chaud*) zur Mutter und *(h)eiß* zum Vater. Entsprechend werden getrennt: *(f)ini* für die Mutter – *alle, alle* für den Vater, *(t)schüß* zum Vater – *owa* (= *au revoir*) zur Mutter. Andere Ausdrücke werden jedoch noch in beiden Sprachen gemischt (→ **Sprachmischung**).

Mit 2,2 Jahren schaltet er automatisch von einer Sprache zur anderen. Er gebraucht jedoch noch nicht die Ausdrücke *deutsch* und *französisch*, und er stellt weniger Fragen über Sprachen als sein Bruder.

Mit 2,4 Jahren macht er Olivier häufig darauf aufmerksam, daß Mama so und Papa so sagt; zum Beispiel stellt er fest: *„Mama sagt ‚train' – Papa ‚Eisenbahn'."*

Mit 2,5 Jahren weiß Jens, daß er zweisprachig ist, während andere Personen einsprachig sind (französisch oder deutsch). Zweisprachige Kinder dürfen, wie er selbst, französisch sprechen, deutsche Kinder aber nicht. Hierfür ein Beispiel: Ein deutsches Kind spielt mit Jens und Olivier. Olivier, der auf der Straße stand, während seine Spielkameraden in der Wohnung geblieben sind, wird von der Mutter aufgefordert, hereinzukommen: *„Rentre!"* Das deutsche Kind ahmt das Wort unvollständig nach *„ent"*. Jens lacht und sagt zu dem Kind: *„Mama sagt, ‚rentre', Du nicht!"*

Mit drei Jahren ist Jens sehr viel toleranter für **Sprachmischungen** als Olivier. Er verlangt von seiner Mutter kaum Übersetzungshilfen. Er spricht zu schnell und zu spontan und hat ganz eindeutig keine Zeit zum Überlegen. Seine Sprachmischungen werden ihm bewußt, wenn der Gesprächspartner ihn darauf aufmerksam macht. Jens findet dann meistens den passenden Ausdruck in der jeweiligen Sprache.

Mit 3,6 Jahren wird er sorgfältiger beim Sprechen. Er fragt jetzt häufiger: *Comment on dit en français/en allemand?* Er vermeidet Sprachmischungen. Aber das Bewußtsein, zwei Sprachen zu sprechen, ist bei ihm weniger deutlich ausgeprägt als beim Bruder. Er stellt weniger Fragen über Sprachen als Olivier im gleichen Alter. Er fragt nicht, ob Personen, die er noch nicht kennt, Franzosen oder Deutsche sind. Seine Kategorien *deutsch/französisch* sind nicht so undurchlässig wie die von Olivier: Wenn ihn eine bekannte Person der Kategorie *deutsch* auf französisch anspricht, antwortet er auf französisch. Jens äußert sich auch nicht darüber, ob er Franzose oder Deutscher ist. Er selbst hat sich die Frage wohl noch nicht gestellt.

Bewußtsein der Zweisprachigkeit

Es scheint so, als ob das Bewußtsein für die Zweisprachigkeit der Familie/Umgebung sich ab ca. 2 Jahren herausbildet. Diese Entdeckung ist der erste Schritt zum Bewußtsein der eigenen Zweisprachigkeit. Naive **Sprachmischungen** nehmen von diesem Zeitpunkt an schnell ab, die Sprachen werden richtig **umgeschaltet.** Ein klares Ordnungssystem für die Verteilung der beiden Sprachen (→ **funktionale Sprachtrennung)** erleichtert die Bewußtseinsbildung. Die Unterscheidung der Sprachen scheint sich zunächst vor allem an den jeweiligen phonetischen Systemen zu orientieren, später liefert auch die Morphologie Unterscheidungsmerkmale. In der Syntax und besonders im Wortschatz werden die Sprachen eher vermischt.

Eine wichtige Bewußtseinsebene ist erreicht, wenn zweisprachige Kinder die jeweiligen Sprachen auch metasprachlich nennen. Sie folgen dabei meist den funktionalen Sprachordnungen und bezeichnen die Sprachen z.B. als *langue de maman* und *Papasprache*.
Aber auch sprachlich auffallende Merkmale können zur metasprachlichen Benennung gewählt werden, so konnten wir bei einem Zweisprachigen die Bezeichnung *oui*-Sprache für das Französische und *ja*-Sprache für das Deutsche hören. (Diese Bezeichnung ist auch aus sprachhistorischer Sicht sehr interessant!*) Die abstrakten metasprachlichen Namen *französisch/français/deutsch/allemand* stehen am Ende dieser Entwicklung.
In der Phase, in der sich das Bewußtsein für die eigene Zweisprachigkeit herausbildet, kann man häufig ein lebhaftes Interesse der Kinder an **Übersetzungen** und Sprachvergleichen feststellen. Das beobachtbare Interesse an Sprachen erstreckt sich auch auf fremde und neue Sprachen.
Mit dem Bewußtsein der eigenen Zweisprachigkeit entstehen auch positive bzw. negative **Einstellungen zur Zweisprachigkeit.**

Vergleichende Beobachtungen zur Entwicklung zweier grammatikalischer Systeme

Die Kinder hörten von ihren Eltern eine vereinfachte Erwachsenensprache, also keine Babysprache. (Nach neueren Untersuchungen freilich soll die Sprachentwicklung durch die Babysprache nicht gestört werden). An einigen ausgewählten grammatikalischen Bereichen des Deutschen und Französischen wollen wir darstellen, wie parallel oder unterschiedlich sich bestimmte Strukturen entwickelt haben.

Einfache Aussagesätze

Die Syntax entwickelte sich im Deutschen und Französischen bei beiden Kindern ungefähr parallel. Wenn die Kinder „Einwortsätze" in der einen Sprache benutzten, versuchten sie dieselbe Satzart auch in der anderen Sprache; diese Phase durchliefen die Kinder ganz normal zwischen 1,6 und 1,9 Jahren. Auch die Wortarten sind in beiden Sprachen

*vergl. die Unterscheidung *langue d'oc* (okzitanisch) und *langue d'oïl* (französisch), die nach der Bestätigungspartikel HOC/HOC ILLE (= *Oui*) getroffen wurde.

ähnlich vertreten. (Die grammatischen Beschreibungen in diesem Text sind in der Sprache des Linguisten abgefaßt. Das Kind benutzt die Sprache und kennt selbstverständlich nicht die Beschreibungskategorien „Wortart", „Adjektiv", „Syntax" etc.).

Wir finden in den Äußerungen zuerst Verben und Nomen, dann Partizipien in Adjektivfunktion und Adverbien. Zum Beispiel erscheinen im Deutschen und Französischen folgende Einwortsätze:

Deutsch	*Interpretation*	*Französisch*
tinta (= trinken)	er will trinken	[wa:r] (= *boire*), *baba*
Mann	da, hier ist der Mann, ein Mann!	*nomme (= bonhomme)*
(ge)*fallen* *fallt, putt*	etwas ist heruntergefallen	*tombé, cassé*
(noch) *mehr*	er will noch etwas trinken, essen, etc.	*encore*

Ganz ähnliche „Sätze" kennen wir auch von einsprachigen deutschen und französischen Kindern.

Auch die *Zwei-* und *Mehrwortsätze* erscheinen in beiden Sprachen etwa gleichzeitig, bei Jens etwas früher als bei Olivier; z.B. übersetzt sich Jens mit 2,3 Jahren selbst:

neemann putt – nomme neige cassé (der Schneemann ist kaputt)

Zwischen 2,5 und 3 Jahren bildeten beide Kinder in beiden Sprachen *Mehrwortsätze* mit Subjekt und Objekt, Artikel und Adjektiven. Man hat den Eindruck, daß beim Erwerb der sprachlichen Grundstrukturen noch keine (oder kaum) einzelsprachliche Unterscheidungen getroffen werden. Die Kinder erlernen die Sprache schlechthin: Dies mag die erstaunliche Parallelität in der **starken** und **schwachen Sprache** zum Teil erklären. Im folgenden gibt es dann freilich einzelsprachliche Sonderentwicklungen.

Komplexe Sätze

Mit etwa 3 Jahren formen die Kinder die ersten komplexen Sätze, hier sind nun einige zeitliche Verschiebungen in beiden Sprachen zu beobachten. Sie lassen sich durch unterschiedliche Komplexität und durch unterschiedliche Gebrauchshäufigkeit erklären. Aus Fallstudien zur französischen Kindersprache wissen wir zum Beispiel, daß französische Kinder mit ca. 3 Jahren als ersten Nebensatz den Relativsatz mit *qui* verwenden, einsprachige deutsche Kinder gebrauchen den Relativsatz erst etwas später. Das liegt zum einen an der sehr großen Gebrauchshäufigkeit der französischen Relativsätze in Reliefstrukturen wie z.B.: *C'est lui qui* etc., zum anderen aber auch an dem weniger komplexen französischen Nebensatz. Im französischen Nebensatz wird nämlich die Satzstellung des Hauptsatzes beibehalten, im deutschen Nebensatz wird das Verb in die Endstellung verschoben. Zum Vergleich nehmen wir einen Satz von Jens, den er mit 3,7 Jahren auf französisch geäußert hat:

J'ai vu une auto ***qui était montée*** *sur le trottoir.*

Im Deutschen hätte er konstruieren müssen (er hat diesen Satz erst später bilden können):

Ich habe ein Auto gesehen, ***das*** *auf den Bürgersteig* ***gefahren ist****.*

Die ersten Nebensätze treten darum bei den Kindern im Französischen auf, es handelt sich um Relativsätze und etwas später um Temporal- und Kausalsätze. Jens beginnt im Alter von 3 Jahren – Olivier etwas später – mit der französischen Reliefkonstruktion. Auf die Frage der Mutter beim Streit der Brüder: *Qui a commencé?* antwortet Jens: *C'est lui qui a commencé.* Freilich könnte es sich hier noch um eine Imitation der mütterlichen Frage *Qui a commencé?* handeln, aber es treten dann auch unzweifelhafte und eigenständige Relativsätze mit *qui* auf wie z.B. *j'ai fait un gâteau qui est drôlement beau* und der oben erwähnte Satz von Jens.

Relativsätze mit *que* werden noch nicht gebildet, denn sie sind komplexer, weil zwei verschiedene Subjekte miteinander verknüpft werden. In solchen Konstruktionen setzen die Kinder, wie auch einsprachige französische Kinder, zwei Sätze nebeneinander, zum Beispiel:

C'est l'auto – je cherche.

Eine ähnliche Syntax finden wir im Deutschen, z.B. beklagt sich Olivier mit 3,5 Jahren über seinen Bruder:

Jens, der hat angefangen mich zu ärgern, der hat mein Auto weggenommen

oder

Der Mann da, der ist weggegangen und ich kenn' ihn nicht.

Die schwierige deutsche Nebensatzsyntax (z.B. *der Mann, der weggegangen ist*) beherrschen die Kinder noch nicht. Hinzu kommt, daß sie die Relativpronomen *der, die das* mit dem Artikel und den Demonstrativpronomen verwechseln: In *der ist weggegangen* ist *der* noch Demonstrativpronomen.

Korrekte deutsche Relativsätze werden erst mit ca. 4 Jahren gebildet. Ganz ähnlich ist die zeitliche Verschiebung bei den Temporal- und Kausalsätzen, in französisch sagt Jens schon mit 3 Jahren:

Donne à boire pasque (parce que) j'ai soif!

Im Deutschen gebraucht er statt dessen noch zwei unverbundene Hauptsätze:

Gib zu trinken – ich hab' Durst.

Zwei Monate später hat er jedoch im Deutschen gleichgezogen und bildet korrekte Temporal- und Kausalsätze in beiden Sprachen:

Ich komme, wenn ich fertig bin.

Etwas später sagt er zum Vater folgenden komplexen Satz:

Das kannst Du nicht verstehen, weil das französisch ist.

Bei den Nebensätzen mit *daß* neigen beide Kinder dazu, das *daß* wegzulassen, diese – im Deutschen erlaubte – Konstruktion gestattet es, den Nebensatz wie den Hauptsatz zu konstruieren; die Kinder erleichtern sich dadurch die deutsche Syntax. Diese Konstruktion übertragen sie aber auch fehlerhaft auf das Französische:

Quand je parle, il faut – t'écoutes.
Je croyais – il pleuvait.

Über diese und andere **Interferenzen** wollen wir im 7. Kapitel sprechen.

Den irrealen Konditionalsatz (*wenn ich hätte ...*) sprechen Olivier und Jens erst zwischen 4,5 und 5 Jahren und zwar zuerst im Deutschen und dann erst im Französischen. Auch hier ist die Reihenfolge wieder durch unterschiedliche Komplexitäten bedingt: Beim Erwerb der Konjunktionen bedingen sich kognitive und sprachliche Komplexität; es gibt darum eine ziemlich feste Erwerbssequenz für die Konjunktionen im Deutschen und Französischen, die auch Olivier und Jens durchlaufen. Zuerst müssen die Kinder begreifen, daß Ereignisse zeitlich aufeinanderfolgen können (Temporalität), dann erst kann sich die Einsicht entwickeln, daß das zeitlich frühere Ereignis die Ursache für das zeitlich spätere sein kann (Kausalität). Hieraus wiederum kann sich erst das Verständnis der Finalität entwickeln, die gewissermaßen eine in die Zukunft gerichtete Kausalität ist. Die Idee der Kausalität ist auch beim Gedanken der Einräumung (Konzessivität) und Irrealität notwendig beteiligt. Die kognitive und sprachliche Komplexitätshierarchie sieht wie folgt aus:

Alter (ca.)	kognitives Konzept	sprachl. Formen deutsch	(Konjunktionen) französisch
3 J.	Temporalität	*wenn*	*quand*
	↓	↓	↓
3,2 J	Kausalität (setzt Temporalität voraus)	*weil*	*parce que*
	↓	↓	↓
ab 4 J.	Finalität Konzessivität Irrealität	*damit* *obgleich* *wenn*	*pour que* *bien que (malgré que)* *si*
	setzen Temporalität und Kausalität voraus		

Die sprachliche Komplexität ist im Deutschen nun weniger groß als im Französischen, weil die deutsche Konjunktion *wenn* allgemeiner ist als das französische *si*. Das deutsche *wenn* beinhaltet Temporalität und Irrealität, und ist darum bei vielen Kindern eine Art ‚Oberkonjunktion', die sowohl temporal als auch kausal, final, konzessiv und im Irrealis gebraucht wird. Das französische *si* (deutsch *falls*) ist hingegen in der Funktion spezieller und damit auch schwieriger. *Si*-Sätze werden darum später gebildet als *Wenn*-Sätze.

Mit 4,11 Jahren sagt Olivier z.B. korrekt im Deutschen:

Wenn ich groß wäre, könnte ich den Mond nehmen.

Im Französischen verwechselt er jedoch noch ständig *quand* und *si*, z.B. bildet er mit 5 Jahren:

Quand il faisait du soleil, on irait à la piscine.

Hier sagt er *quand,* meint aber *si.* Es ist wahrscheinlich, daß diese Verwechslung durch das allgemeinere deutsche *wenn* gefördert wird. Weil im Deutschen nicht zwischen Temporalität und Irrealität unterschieden werden muß, fällt die Entscheidung im Französischen doppelt schwer.

Ganz eindeutig haben diese Probleme im Französischen nichts mit einem kognitiven Defizit zu tun. Die Kinder verfügen über das kognitive Konzept der Irrealität und drücken es im Deutschen funktions- und normgerecht durch den Konjunktiv (*wäre, hätte*) aus. Im Französischen verhalten sich Olivier und Jens wie fast alle französischen Kinder: Sie übergeneralisieren das funktionsgerechte *conditionnel* (*serais, aurais*) auf Kosten des normgerechten *imparfait* (*étais, avais*): Sie sagen also ganz geläufig: *Si je serais chez Oma* und lernen nur mit Mühe das normgerechte *si j'étais* des Irrealis. Dieses Problem des *imparfait* verbunden mit der Komplexität von *si* machen den französischen Irrealis zu einem großen Sprachproblem für Olivier und Jens.

Fragesätze

Olivier benutzte die ersten Fragesätze mit 2,3 Jahren und zwar auf französisch, Jens fragte etwas früher, aber zuerst auf deutsch. Die Unterschiede bei beiden Kindern gehen auf die in dieser Phase bestimmenden Spracheinflüsse zurück: Olivier war viel mit der Mutter zusammen und lernte darum zuerst das komplexere und schwierigere Fragesystem im Französischen. Jens hingegen spielte in dieser Phase mit Olivier und lernte von ihm das deutsche Fragesystem, das beim Bruder mittlerweile dominant geworden war. Olivier gebrauchte nacheinander die Intonationsfrage: *Tu viens?*, dann die schwierigen Konstruktionen: *Qu'e(st-ce que) c'est ça?* und zuletzt die *est-ce-que*-Fragen. Einige Wochen später hat er intensiveren Kontakt mit deutschen Kindern und übernimmt zuerst die deutschen Inversionsfragen *kommste (du)?* Die Fragepronomen treten etwas später auf.

Bei Jens ist diese Entwicklung genau umgekehrt. Beide Kinder benutzen Fragesätze sehr häufig, um sprachliche Informationen zu erhalten. Hier ein typischer Dialog zwischen Mutter und Olivier (3,11):

Olivier sieht eine Hängematte.
Er fragt seine Mutter: *„Qu'est-ce que c'est?"*
Mutter: *„Un hamac"*
Olivier: *„Comment dit Papa en allemand?"*
Mutter: *„Hängematte"*
Olivier: *Pourquoi ‚Hängematte' et pas ‚Pendelmatte'?"*

Das Verbalsystem

In der Verbmorphologie finden wir in beiden Sprachen bei beiden Kindern die typischen Übergeneralisierungen, die uns aus einsprachigen Erwerbsstudien gut bekannt sind. Zwischen 2,5 und 4 Jahren treten, gemischt mit korrekten Formen, immer wieder auf:

im Deutschen	im Französischen
ich hab gegesst u. *gegessen*	*on a faisé* u. *fait*
gelauft	*moi, j'ai li (lu)*
geseht	*offri*
getrinkt	*buvé*
etc.	etc.

Im Deutschen machen die trennbaren Verbpräfixe bis ca. 3,6 Jahre Schwierigkeiten. Z.B. sagt Olivier zu Jens:

Jens, anzieh dich!

Das Problem geht unzweifelhaft auf die syntaktische Komplexität dieser Verbpartikel zurück und stellt sich bei einsprachigen deutschen Kindern genauso. Im Französischen gibt es ein vergleichbares Phänomen nicht.

Tempora und Modi

In beiden Sprachen verläuft die Entwicklung ungefähr parallel und entspricht den Normen bei Einsprachigen. Die sprachspezifischen Besonderheiten treten jeweils nur in der entsprechenden Sprache auf. So beachten beide Kinder im Französischen eher die Zeitenfolge als im Deutschen, sie benutzen im Französischen das *futur proche* mit 3, 5 Jahren: *(on va faire)*, wo sie im Deutschen regelgerecht das Präsens und Zeitadverb benutzen: *Wir gehen morgen spazieren.*

Ähnlich ist auch die Benutzung des *futur simple* im temporalen Nebensatz des französischen mit 4 Jahren zu beobachten: *quand je serai grand, j'irai à l'école,* wohingegen das deutsche Präsens hiervon nicht berührt wird. Beide Kinder sagen nur: *Wenn ich groß bin ...* (und nicht: *Wenn ich groß sein werde*).

Der französische *subjonctif* tritt vor dem deutschen *Konjunktiv* auf. Er erfüllt die modale Funktion des Wollens, Wünschens und Forderns. So sagt Olivier mit 3,5 Jahren: *(Je) fasse pipi; tu viennes.* Es handelt sich um verkürzte *il faut que*-Konstruktionen: *Il faut que je fasse pipi etc.*

Jens dagegen sagt schon mit drei Jahren die *il faut que*-Konstruktionen (aber ohne *que*): *Il faut (que) tu (me) tiennes.* Im Deutschen überwiegen in dieser Funktion Sätze mit den Modalverben *wollen, müssen*; *muß mal* entspricht französisch *fasse pipi.*

Deutsche Konjunktive finden sich viel später, sie treten zuerst in den schon erwähnten Irrealis-Sätzen auf (*Wenn ich wäre, hätte ...*).

Der Erwerb grammatikalischer Systeme

Am Beispiel der Personalpronomen wollen wir im folgenden zeigen, wie vergleichbare grammatikalische Systeme erworben werden. Olivier und Jens haben bis heute Probleme mit den französischen Personalpronomen, die deutschen Personalpronomen dagegen haben sie problemlos gelernt. Wie ist das zu erklären?

Wir sahen bereits, daß zeitliche Verschiebungen in der jeweiligen Sprachentwicklung hauptsächlich von zwei Faktoren abhängen:

- Von der Intensität der Sprachbenutzung. Die Kinder hören und sprechen beide Sprachen nicht gleich häufig und intensiv. Olivier lernte z.B. die französische Frage früher als die deutsche, weil er sie häufiger hörte und übte, bei Jens war es genau umgekehrt. Meist ist darum die **schwache Sprache** etwas verspätet (→ **Sprachverspätung**).
- Von der Komplexität der jeweiligen Sprachstrukturen: Wir sahen bereits, daß die komplexeren deutschen Nebensätze später ge-

lernt wurden als die einfacheren französischen. Die Verzögerung in einer Sprache geht auf erhöhte Lernschwierigkeit zurück.

Besonders der Faktor ‚Komplexität' scheint verantwortlich für die Verzögerung beim Erwerb der französischen Personalpronomen. Sie bilden ein doppeltes, sich zum Teil überlappendes System. Es müssen die verbundenen unbetonten Pronomen *je, me, te* etc. von den betonten unverbundenen *moi, toi* etc. unterschieden werden. Die verbundenen unbetonten Pronomen werden im Redefluß kaum oder nicht deutlich wahrgenommen. Ein Beispiel: Die Mutter fragte die Kinder häufiger: *Tu veux que je t'aide?* nach einiger Zeit fragte Olivier zurück: *Tu me taides?* oder noch viel geläufiger *Tu taides à moi?* Er hat das Pronomen *t'* mit dem Verb *aider zu taider* verschmolzen. Ähnliche Verschmelzungen gibt es für *trappeler* in *trappelle-toi*, für *maimer* in *je maime toi* etc. Bildungen dieser Art sind auch von einsprachig französischen Kindern zu hören, haben also wohl nichts mit deutschen Einflüssen zu tun.

Neben die Probleme der Wahrnehmung und Unterscheidung treten vor allem die Stellungsprobleme: Die französischen Personalpronomen wechseln ständig die Stellung, wohingegen die deutschen im Hauptsatz immer nach dem Verb stehen. Syntaktische Probleme mit den Pronomen haben französische Schulkinder darum bis zum 16. Lebensjahr. Es ist also nicht verwunderlich, daß sowohl Olivier als auch Jens in ihrer **schwachen Sprache** mit den Pronomen in Verzug geraten. Sie lernen zuerst die betonten Pronomen, z.B. sagen sie *moije vois toi,* wobei *je* lange Zeit wahrscheinlich nicht als eigenes Pronomen realisiert wird, sondern als *moije*, eine Art Variante von *moi* vor dem Verb. Das *moi* nimmt auch im Vergleich zum deutschen *ich* eine Sonderstellung ein, es ist vor dem *ich* da. Im Deutschen sagen die Kinder, wie es auch in anderen Erwerbsstudien belegt ist: *Oli (= Olivier) tommt (= ich komme),* d.h., sie gebrauchen ihren Vornamen bis ca. 2,5 Jahre für sich selbst. Im Französischen sagen Olivier und Jens jedoch *moi.* Die hohe Gebrauchshäufigkeit von *moi* in der Reliefstellung im Französischen führt wahrscheinlich zu diesem Vorsprung.

Bei den Objektpronomen *me, te, le, lui* gibt es hingegen eine deutliche **Verspätung** des Französischen, bis zum 5. Lebensjahr fehlt *leur*. Syntaktische Fehler halten sich hartnäckig, zum Teil sind sie parallel zu einsprachig französischen Kindern, teilweise sind sie aber auch auf deutsche **Interferenz** zurückzuführen. Darüber werden wir im 7. Kapitel sprechen.

Beobachtungen zur Entwicklung des Wortschatzes

Wir haben keine detaillierten Wortschatzerhebungen in beiden Sprachen durchgeführt, sondern uns darauf beschränkt, einige Besonderheiten der lexikalischen Entwicklung festzuhalten. Nach dem Prinzip der Sprachtrennung *une personne, une langue* ist es normal, daß sich der Wortschatz ungleich auf beide Sprachen verteilt. Die Gespräche mit der Mutter in französisch handeln meist von Dingen des Essens, Trinkens, Anziehens etc., folglich werden die Wörter in diesen Bereichen zuerst auf französisch gelernt und sind zumindest eine zeitlang in französisch dominant. Da auch meist die Mutter die Kinder in ihren Kümmernissen tröstet, sind die Wörter des affektiven Bereichs zuerst französische Wörter. Es gibt also lexikalische Gebiete, in denen die **Muttersprache** stärker ist als die Vatersprache. Natürlich führen der Vater und die deutsche Großmutter Gespräche über ähnliche Dinge und Themen mit den Kindern, so daß das deutsche Wort meist sehr schnell folgt. Es gibt andere Bereiche, z.B. Spielsachen, Spiele, in denen mehr deutsche Wörter zur Verfügung stehen (→ **Spielsprache**). Es ist bei den Kindern jedoch zu beobachten, daß sie von sich aus versuchen, Wortschatzlükken in bestimmten Bereichen einer Sprache auszufüllen. Wenn sie das französische Wort zuerst kennen, fragen sie die Mutter: *Comment ça s'appelle en allemand?* Wenn die Mutter die Antwort nicht geben kann oder will, erkundigen sie sich bei der nächsten Gelegenheit beim Vater. Da sie ihn nicht direkt nach der Übersetzung fragen können (er kennt das französische Wort nicht), versuchen sie eine Umschreibung mit *das da*, später *Dings-da*. Unter Umständen ist das *Dings-da* am Fenster ein *Blumentopf*. Der Vater muß dann das richtige Wort Blumentopf sagen. Oft murmeln sie dann für sich das schon bekannte französische Äquivalent *pot de fleur*. Das heißt, sie suchen eine Vokabelgleichung und bestätigen diese durch Wiederholung. Oft begnügen sie sich auch mit der Zeigefrage: *Was ist das?*, um eine Bezeichnung zu erforschen. Wenn sie das Wort zuerst auf deutsch kennen, fragen sie die Mutter: *En allemand, ça s'appelle ‚Lutscher', comment ça s'appelle en français?* Wenn sie im Französischen kein richtiges Äquivalent wissen, benutzen sie auch ein deutsches Wort im französischen Satz, führen es aber meist mit einer Kennzeichnung ein, z.B. *Papa dit* ... oder *en allemand* ... Jens vor allem neigt bei Wortnot in einer Sprache zu **Sprachmischungen**, worüber wir im 7. Kapitel sprechen wollen.

Neben diesen deutlichen Versuchen, den Wortschatz in beiden Sprachen auf dem gleichen Stand zu halten, gibt es jedoch für einige wenige Wörter das Bestreben, sie nur in einer Sprache zu benutzen, sie nicht zu übersetzen. Es handelt sich um Wörter, die ein besonderes Erlebnis beinhalten, und die darum eine besondere magische Wirkung ausüben. Sie dürfen und können nicht übertragen werden. Ein solch geheimnisvolles Wort ist für Jens mit 3 Jahren das Wort *Bagger*. Fasziniert hat er einmal lange einen Bagger bei der Arbeit beobachtet und sein liebstes Spielzeug war dann zu diesem Zeitpunkt ein großer gelber Bagger. Das französische Äquivalent *drague* sagte ihm zu dieser Zeit überhaupt nichts und wurde als Bezeichnung für *Bagger* strikt zurückgewiesen.

Weder Olivier noch Jens zeigten beim Besuch des Kindergartens im Deutschen auffällige Wortschatzlücken. In ihrer **starken Sprache** verfügen sie über den Wortschatz der gleichaltrigen Einsprachigen. In der **schwachen Sprache**, dem Französischen, zeigen sich natürlicherweise Lücken. Gegen den Druck der Umgebungssprache, besonders im Kindergarten, kommt die alleinige Wortschatzbereicherung durch die Mutter nicht an. Dieser Rückstand wird jedoch in französischer Umgebung in den Ferien zum Teil wieder ausgeglichen.

6 Die Schule

Wir haben die Schuljahre der Kinder nicht mehr so genau dokumentiert wie die Entwicklung der ersten Lebensjahre. Es gibt gute Gründe, warum Spracherwerbsstudien – einfacher Spracherwerb und Doppelspracherwerb – gerne mit dem 5./6. Lebensjahr enden. In der Folge wird nämlich die sprachliche und soziale Situation des Kindes so komplex und so schwierig kontrollierbar, daß sie zuverlässig nicht mehr beschrieben werden kann. Die Sprache des Fünfjährigen ist schon so weit entwickelt, daß weitere Entwicklungsschritte nicht mehr deutlich erkennbar sind. Das soziale Umfeld wird zudem durch die Schule und die Spielkameraden größer und entzieht sich den direkten Beobachtungen der Eltern.

Nun ist mit fünf Jahren der Spracherwerb sicher nicht abgeschlossen. Die Kinder beherrschen zwar die Grundstrukturen und sind kommunikativ selbständig geworden, hört man jedoch genauer hin, so entdeckt man bei Ein- und Zweisprachigen vor allem Lücken in folgenden Bereichen:

- Das Kind kennt viele Wörter nicht oder nur ungenau.
- In der Grammatik (Morphologie) fehlen noch viele unregelmäßige Formen (Verbendungen und Plural des Nomens z.B.).
- Es unterscheidet nur wenig die verschiedenen Sprachregister (auch Siezen, Duzen).
- Die Syntax ist wenig variabel.
- Vieles von dem, was das Kind bisher durch Gestik, Mimik, und Schreien ausgedrückt hat, muß nun versprachlicht werden; die neue Schulsprache muß elaborierter und autonomer von der Situation werden.

Vor allem aber lernt das Kind ab dem 6. Lebensjahr eine neue Sprache: die Schriftsprache. Besonders das französische Kind steht mit dieser Aufgabe vor einem regelrechten zweiten Spracherwerb. Es muß nämlich nicht nur orthographische Regeln lernen, sondern zum Teil völlig neue Teilsysteme des Französischen. Zum Beispiel:

- Viele differenzierte Verbendungen, die nicht gesprochen werden (z.B. je chant*e*, tu chant*es*, ils chant*ent*; gesprochen werden alle Formen [ʃãt]).
- Ein neues differenziertes Tempussystem
- Ein differenziertes Modussystem
- Neue Nebensatztypen mit verschachtelten Sätzen
- Neue Negationsstrukturen
- Stilistische Variationen

Lesen und Schreiben

Olivier und Jens haben beide die deutsche Grundschule besucht und hier in ihrer **starken Sprache** zuerst Lesen und Schreiben gelernt. Besondere Auffälligkeiten sind dabei nicht aufgetreten. Französisch, ihre **schwache Sprache**, wurde als rein mündliche Sprache weiter benutzt. Die Sprachen haben sich in keiner Weise gestört. In einigen anderen Fällen ist indes zu beobachten, daß Kinder von zielstrebigen Eltern angehalten werden, *gleichzeitig* das Lesen (und manchmal auch Schreiben) in der schwachen Sprache zu beginnen. Besonders beim Schreiben gibt es dann Verwirrungen, denn die noch instabilen orthographischen Systeme beider Sprachen stören sich gegenseitig. Es ist darum empfehlenswert, Lesen und Schreiben **nicht** gleichzeitig in beiden Sprachen zu lehren. Es scheint hingegen sinnvoll, diesen Schritt zuerst in der **starken Sprache** zu tun und erst wenn sich das erste Schriftsystem einigermaßen gefestigt hat (nach ca. 2 Jahren) mit dem Lesen- und Schreibenlernen in der schwachen Sprache zu beginnen. Es ist freilich nichts dagegen einzuwenden, daß die Kinder von sich aus beginnen, auch das andere Schriftsystem zu erkunden.

Die ersten Schriftproben in der schwachen Sprache werden ganz natürlich nach dem orthographischen System der starken Sprache verfaßt; der Auszug des folgenden Briefes eines siebenjährigen Deutschen an seinen französischen Großvater mag das belegen:

Scher pepe, pur Noell je suät un tra elektrisch, tu peu mofrir un wagen u des re, sä formidabel, je suis tres conta.

Der Brief zeigt nicht nur orthographische deutsche **Interferenzen** *(scher, pur, suät etc.)*, sondern auch Schreibprobleme, wie sie bei einsprachig französischen Kindern auch auftreten (*mofrir*, Schreibung der Nasale *tra, conta*). Hier machen sich interne Schwierigkeiten der französischen Orthographie bemerkbar.

Da der Großvater Mühe haben wird, diesen Brief zu entziffern, können die Eltern ihn gemäß der französischen Orthographie umschreiben und (ohne das Wissen des Kindes) die Übersetzung beilegen:

Cher pépé, pour Noël je souhaite un train électrique, tu peux m'offrir un wagon ou des rails, c'est formidable, je suis très content.

Im allgemeinen lernen die Kinder später von alleine das Schriftsystem der schwachen Sprache. Der obige Brief zeigt im übrigen schon Spuren eines eigenständigen Lernvorgangs: *un, je suis, tu, (peu), (tres)* sind (fast) gemäß der französischen Orthographie geschrieben. Meist beginnt der Lernprozeß bei einer Reise ins Land der schwachen Sprache, denn die neu erworbene Lesefähigkeit wird natürlich auch im anderen Land auf die Probe gestellt. Das Kind macht dabei die überraschende

Entdeckung, daß die andere Sprache anders geschrieben wird und nicht so gelesen wird, wie es lesen gelernt hat. Es muß umgelernt werden. Die Entdeckung des neuen Schriftsystems kann für das Kind ein spannendes Abenteuer werden. So hat ein Achtjähriger in Frankreich beim Lesen französischer Asterix-Hefte bemerkt, daß der französische [*o*]–Laut sehr unterschiedlich geschrieben wird und kam mit dieser Entdeckung zum deutschen Vater:

„Guck'mal, ‚eau' auf französisch schreibt sich e-a-u, *aber „Obelix" nur mit ‚o' und ‚assaut' mit a-u, komisch gell?"*

Worauf sich der Kommentar *komisch gell* bezieht, ist nicht ganz deutlich. Einmal kann er bedeuten, daß das Kind die Divergenzen im französischen System ‚komisch' findet und zum anderen kann er sich auch auf die Unterschiede zwischen der französischen und der deutschen Schreibweise beziehen. Im Stadium der Entdeckung können Erklärungen der Eltern (etwa zu den Akzenten im Französischen) und Korrekturen der Briefe sinnvoll oder sogar notwendig sein.

Olivier und Jens haben systematisch französisch schreiben erst relativ spät gelernt. Olivier hat im Gymnasium als zweite Fremdsprache in der 7. Klasse Französisch gewählt und so zum ersten Mal die schwierigen Normen der französischen Schriftsprache kennengelernt. Dieser Lernvorgang war nicht ganz problemlos, was aber nicht nur mit der Schrift zu tun hat – darum darüber mehr im Kapitel „Die Schulkarriere."

Jens ist nach der 4. Klasse auf das Französische Gymnasium gewechselt und hat dort mit anderen Zweisprachigen zusammen in sehr intensiver Form schnell die französische Schriftsprache gelernt. Als **Schulsprache** für alle Unterrichtsfächer wurde sie auch schnell stark, weil funktional (**funktionaler Sprachgebrauch**).

Generell können wir sagen, daß sich bei Olivier (und das gilt für die Mehrzahl der Zweiprachigen) die Lesefähigkeit in der **schwachen Sprache** sehr schnell entwickelt hat. Allerdings liest er lieber in deutsch – auch dies ein Indiz dafür, daß die Lektüre in der schwachen Sprache (besonders wegen Wortschatzlücken) als zu anstrengend empfunden wird. Seine Schreibfähigkeit im Französischen ist etwas zurück (→ **Sprachverspätung**). Das liegt u.a. daran, daß anspruchsvolle schriftliche Leistungen von ihm im Französischen nicht verlangt wurden. Im wesentlichen schreibt er französisch im schulischen Fremdsprachenunterricht, wohingegen Jens französisch für alle Schulfächer in ganz anderer Qualität benutzen muß.

Interferenzen von der starken Sprache auf die schwache Sprache sind lange zu beobachten, wogegen umgekehrte Beeinträchtigungen allenfalls punktuell auftreten. Meist handelt es sich dann um ähnliche Wörter in beiden Sprachen (die *faux amis)*, die jedoch unterschiedlich geschrieben werden (z.B. *carotte*/Karotte).

Es kann passieren, daß im Deutschen plötzlich *Karotte* mit *c* wie *carotte* geschrieben wird. Solche Fälle treten jedoch nur ausnahmsweise auf und beeinträchtigen nicht die Schreibfähigkeit insgesamt. Pathologische Schreib- oder Lesestörungen durch Zweisprachigkeit haben wir nirgends ausmachen können.

Mit dem Erwerb der französischen Schriftsprache ist in der Zweisprachigkeitserziehung eine wichtige Station erreicht: die **schwache Sprache** kann jetzt – unabhängig von der **Umgebungssprache** – durch Lektüre geübt und gestärkt werden. Der Verlust der Zweisprachigkeit ist nunmehr wesentlich unwahrscheinlicher als noch im 5./6. Lebensjahr.

Sprachverspätungen

Beim gleichzeitigen Erwerb zweier Sprachen sind natürlich zeitliche Verschiebungen zwischen den Sprachen festzustellen. Sie lassen sich meist durch unterschiedliche Übungs- und Gebrauchshäufigkeiten und/oder durch unterschiedliche Komplexitätsgrade der Sprachen erklären.

Es ist allerdings schwierig, solche Verschiebungen als Sprachverspätungen zu kennzeichnen, denn der Spracherwerbsprozeß kann zeitlich auch bei Einsprachigen sehr variieren. Die zeitliche Variation liegt durchaus innerhalb der Norm der Sprachentwicklung. Behauptungen in der Zweisprachigkeitsliteratur, daß zweisprachige Kinder sprachlich generell verspätet seien, sind darum mit Vorsicht aufzunehmen. Unseres Erachtens ist der Beweis für eine solche Verspätung nirgends erbracht. Meist ist die Entwicklung in der **starken Sprache** so wie die von einsprachigen Kindern auch, also völlig normal. Wenn man die starke Sprache als Norm setzt, kann man in der **schwachen Sprache** allerdings Verspätungen feststellen. Sie sind besonders im Wortschatz spürbar. Gewisse Unsicherheiten, mangelnde Automatisierung und auch Wortnot sind in der schwachen Sprache häufiger feststellbar als bei entsprechend Einsprachigen. Ein längerer Aufenthalt im Land der schwachen Sprache gibt ihr jedoch meist so viel Impulse, daß die relative Verspätung schnell aufgeholt wird. Jedoch wird sich diese Verspätung der schwachen Sprache nach dem Landwechsel erneut bemerkbar machen. Die schwache Sprache kann insgesamt als etwas labil und gefährdet angesehen werden. Darum nennen wir sie eben **schwache Sprache**.

Zählen und Rechnen

Wie viele Kinder haben auch Jens und Olivier schon vor der Einschulung angefangen, zu zählen und kleine Rechenaufgaben zu lösen. Sie taten dies in beiden Sprachen gemäß der Sprachverteilungsregel: mit der Mutter in französisch, mit dem Vater und anderen Kindern in deutsch.

Das Ungleichgewicht zwischen beiden Sprachen ist am besten an den Zahlwörtern abzulesen (→ **Zählsprache**). Bis zur Zahl *zehn* beherrschen beide Kinder beide Zählsprachen und können auch damit operieren. Wenn Spielsachen oder Süßigkeiten geteilt werden müssen, so beherrschen sowohl Jens wie Olivier gegen Ende des dritten Lebensjahres einfache Divisionsaufgaben bis zur Zahl zehn in beiden Sprachen. Zum Beispiel Olivier: *„Das sind fünf Kaugummis, zwei für Jens, zwei für mich, einer für Papa."*

Im Beisein der Mutter wird in französisch gerechnet, z.B. hat Olivier sechs Kaugummis, die Mutter nimmt zwei weg, Olivier kommentiert das mit 4 Jahren: *„maintenant on a quatre, on a plus six."*

Auch der Übergang von einer Zählsprache zur anderen vollzieht sich reibungslos. Zum Beispiel haben Olivier (mit 4,10 Jahren) und Jens (mit 3,6 Jahren) die Telefonnummer der Eltern in Liedform mit der Mutter gelernt. Statt des Liedtextes wurden die Telefonziffern in eine bestimmte Melodie eingesetzt. Die Ziffern wurden zuerst auf französisch gelernt. Als Olivier dieses Lied seinem Vater vorsang, fragte dieser, was das bedeute. Olivier überlegte und sang dann in der gleichen Melodie die deutschen entsprechenden Ziffern, Jens wiederholte mehrmals hintereinander die deutschen und französischen Ziffern.

Mit der Kindergartenzeit wird das Deutsche die Zählsprache. Die Zahlen über *zehn* werden von den Kindern im Französischen nicht mehr verstanden. Wenn die Mutter eine französische Zahl über *zehn* gebraucht, wird oft gefragt: *„Ça fait combien en allemand?"* Die Kinder zeigen erst dann eine Reaktion, wenn sie die Zahl auf deutsch gehört haben; zum Beispiel: *„oh! c'est beaucoup!"*. Das gleiche gilt auch dann, wenn die Kinder wissen möchten, wie alt bestimmte Personen sind:

Olivier: *„Il a quel âge, Carsten?"*
Mutter: *„Treize ans."*
Olivier: *„Ça fait combien en allemand?"*
Mutter: *„Dreizehn."*
Olivier: *„Oh! il est déjà grand!"*

Bei Jens ist die gleiche Tendenz festzustellen.

In der deutschen Grundschule haben beide Kinder den Rechenunterricht in deutscher Sprache mitgemacht. Probleme sind dabei nicht aufgetreten, das Französische spielte dabei keine Rolle.

Jens ist nach der 4. Klasse aufs Französische Gymnasium gewechselt und hat dort dem Mathematikunterricht in französischer Sprache folgen müssen. Dabei hatte und hat er Probleme (wie andere Zweisprachige auch). Zwar hat sich die **schwache Sprache** als Schulsprache sehr gestärkt, aber gewisse mentale Operationen wie ‚das kleine Einmaleins', Additionen, Subtraktionen u.a. waren doch sehr an die Schul- und Zählsprache Deutsch gebunden. Das Verstehen, die Konzeptualisierung dieser Operationen in der fremden Zählsprache machte und macht immer noch Probleme. Wir möchten darum dafür plädieren, Rechnen und generell Mathematik vom Sprachwechsel auszunehmen und auch in bilingualen Schulen dieses Fach in *einer* Sprache vom Anfang bis zum Ende zu unterrichten.

Zählsprache

Häufig wird die Zählsprache als die **Muttersprache** des Zweisprachigen betrachtet. Dies ist jedoch ein Irrtum. Zweisprachige zählen und rechnen am liebsten in der Sprache, in der sie zählen und rechnen gelernt haben. Die Zählsprache ist darum in der Regel identisch mit der **Schulsprache**. Da Zähl- und Rechenoperationen stark automatisiert und diese Automatismen stark mit der Sprache verbunden sind (Kleines Einmaleins, Additionen, Subtraktionen), widersteht die Zählsprache besonders den normalen sprachlichen Verschiebungen. Es ist darum zu beobachten, daß sich die Zählsprache auch dann noch als **starke Sprache** hält, wenn sie in anderen Bereichen längst zur **schwachen Sprache** geworden ist. Die Zählsprache bleibt bei vielen Zweisprachigen ein Leben lang konstant, während sich in fast allen Bereichen die Sprachen verschieben können.

Die Schulkarriere

Durch den Besuch der deutschen Grundschule wurde bei Jens und Olivier die ohnehin **starke Sprache** noch stärker. Auch die Kontakte mit den deutschen Schulkameraden drängten das Französische zeitweilig sehr stark zurück. Ab dem 5./6. Lebensjahr sind diese für das sprachliche Verhalten nun mal wichtiger als die Mutter. Es ist in der Entwicklungsphase zwischen dem 6. und 12. Lebensjahr immer wieder zu beobachten, daß die schwache Sprache einen sehr schweren Stand hat. Es sind uns eine Reihe von Fällen bekannt, bei denen in dieser Phase die **schwache Sprache** aufgegeben wurde. Es beginnt damit, daß das Kind die schwache Sprache verweigert (→ **Sprachverweigerung**), die Eltern geben diesem Druck und dem Druck der starken **Umgebungssprache** langsam nach und halten die konsequente Sprachenverteilung der ersten fünf Jahre nicht durch. Die Hauptlast liegt in dieser Situation auf dem Partner, der die schwache Sprache vertritt.

Wenn wir unsere oben gestellte Frage aufgreifen, so müssen wir also sagen, daß der Fünfjährige nicht endgültig und definitiv zweisprachig ist. Von einem (relativen) Besitz der Zweisprachigkeit kann erst nach der Pubertät gesprochen werden. Die schwache Sprache muß sozusagen erst über die „kritische Phase des Spracherwerbs" hinweggebracht werden. In dieser Phase lernt man nicht nur sehr gut Sprachen, man vergißt sie genauso gut und endgültig. Was kann man in dieser „kritischen Phase" für die **schwache Sprache** tun?

- Olivier und Jens sind häufig nach Frankreich gereist und dort auch allein bei der französischen Familie geblieben. Sie haben sich französische Spielkameraden und Freunde gemacht.
- Oliver hat zeitweise eine deutsch-französische Vorschule in Berlin besucht. Dort wird mittags mit französischen Erzieherinnen gemeinsam gegessen, dann wird gebastelt, gemalt, vorgelesen und erzählt. In dieser Zeit wird nur französisch gesprochen. Die schwache Sprache wird so in einer französischsprachigen Umgebung zeitweilig **Spielsprache** und dadurch gestärkt.
- Jens ist nach dem 4. Schuljahr auf das Französische Gymnasium gewechselt und so wurde Französisch als seine **Schulsprache** gestärkt.

Es ist sehr erfreulich, daß nunmehr – zumindest in größeren Städten – immer mehr Schulen, Vorschulen und Kindergärten entstehen, in denen zweisprachigen Kindern die Möglichkeit geboten wird, ihre beiden Sprachen funktional zu benutzen **(→ funktionaler Sprachgebrauch)**. Die Initiative geht meist von betroffenen Eltern aus, die ihre Zweisprachigkeitserziehung durch neue schulische Konzepte zum Erfolg führen wollen. In Berlin ist hier besonders das Projekt der Europaschulen hervorzuheben.

In kleineren Städten und ländlicher Umgebung ist die Situation schwieriger. Manchmal besteht jedoch auch hier die Möglichkeit, daß betroffene Eltern sich zusammentun und eine Spielgruppe o.ä. in der schwachen Sprache organisieren.

Die Situation wird etwas einfacher, wenn die Kinder ihre schwache Sprache als Fremdsprache in der Schule neu lernen. Wir haben diesen Lernvorgang bei Olivier beobachten können: seine **schwache Sprache** wurde plötzlich durch das Fach „Französisch" aufgewertet, er wurde neu motiviert, zumal er zunächst auch Klassenbester war. Der anfängliche Vorsprung war freilich beim Lernen der Schriftsprache bald aufgebraucht. Beim Erlernen der französischen Schriftsprache müssen sich

Zweisprachige ähnlich anstrengen wie französische Kinder, die ihre eigene **Muttersprache** schreiben lernen und wie deutsche Kinder, die das Französische als Fremdsprache lernen. In der Schule trifft man immer wieder auf den Fall, daß Zweisprachige keine besonders guten Schüler in der schulischen Fremdsprache sind, obwohl sie die Sprache kommunikativ beherrschen. Das mag einerseits daran liegen, daß der Zweisprachige sich unterfordert fühlt und darum seine Schulaufgabe in dieser Sprache zu leicht nimmt, andererseits spricht ein solcher Tatbestand aber auch gegen die schulischen Maßstäbe, Fremdsprachenleistungen zu beurteilen.

Bei Olivier kam es immer wieder zu Konflikten mit dem Französischlehrer. Er fühlte sich ihm sprachlich überlegen, bemerkte dessen Unsicherheiten und konnte Korrekturen und schlechte Noten von dieser Seite nur schlecht akzeptieren.

Die Situation zeigt generell, daß zweisprachige Kinder im normalen Fremdsprachenunterricht mit ihrer schwachen (manchmal auch starken) Sprache schlecht aufgehoben sind. Die Mischung aus sprachlicher Unterforderung einerseits und strenger Normsetzung andererseits führt zu Langeweile, Aggressionen und Frustrationen, die der Sprachentwicklung insgesamt nicht guttun.

Jens, der das Französische Gymnasium besucht, hat z.T. mit sprachlicher Überforderung zu kämpfen. Der intensive französische Unterricht, den er mit anderen zweisprachigen und besonders ausgewählten einsprachigen deutschen Kindern zu bewältigen hat, bereitet keine besonderen Probleme. Wohl aber hatte und hat er Mühe, einigen naturwissenschaftlichen Fächern – Physik, Chemie und besonders Mathematik – in französischer Sprache zu folgen. Wir haben das Problem schon im Kapitel „Zählen und Rechnen“ angesprochen. Die Konzeptualisierung sehr abstrakter Sachverhalte fällt ihm im Französischen (noch) schwer. Er und auch andere betroffene Zweisprachige charakterisieren ihre Lernerfahrung so: *„Ich verstehe es schon, aber es ist wie durch einen Schleier – wenn mir mein Vater das nochmal auf deutsch erklärt, ist es plötzlich klar.“* Selbst wenn er in den nächsten Jahren diesen „Schleier“ durchdringt – wie sich aus Beobachtungen anderer Schüler des Französischen Gymnasiums ergibt – so ist doch evident, daß eine solche ‚rein‘ französische Schule auch nicht der optimale Ort für Zweisprachige ist.

Interessant ist noch ein kurzer Blick auf die schulischen Leistungen in der Fremdsprache Englisch. Beide Kinder sind in diesem Fach gute Schüler, sie haben darüber hinaus auch privat durch Reisen nach England und durch Freundschaften das Englische über das Schulniveau hinaus entwickelt. Nach übereinstimmender Meinung haben sie dabei sehr vom Französischen profitiert. Besonders der Wortschatz ist ihnen leichtgefallen. Bei Jens scheint die Erlernung des Englischen vor allem über die französische Sprache abzulaufen, denn seine Aussprache und seine Fehler sind eher durch französische als durch deutsche **Interferenzen** geprägt.

Trotz sehr unterschiedlicher Schulerfahrung mit der **schwachen Sprache** haben Olivier und Jens ihre Zweisprachigkeit über die Schulzeit gut hinübergebracht. Den optimalen schulischen Rahmen haben sie beide nicht vorgefunden. Dies zeigt, daß es in unserer ‚Schullandschaft' für Zweisprachige (noch) keine adäquaten Angebote in entsprechender Breite gibt. Das Berliner Konzept der bilingualen Europaschule ist indes ein wichtiger Schritt in diese Richtung.

Schulsprache

Die Sprache, die in der Schule gesprochen wird, kann in verschieden starkem Ausmaß von der **Umgebungssprache** abweichen. Dies wird davon bestimmt, in wievielen Fächern und in welchen Klassenstufen die andere Sprache als Unterrichtssprache benutzt wird. Die bilinguale Schule führt die andere Sprache meist sukzessiv ein: erst in den mündlichen Fächern, z.B. Sport, Musik, später in schriftlicher Form in Fächern wie Geschichte und Erdkunde. Entscheidend für den Erfolg der Schulsprache ist ihre Funktionalität (→ **funktionaler Sprachgebrauch**): Die Sprache wird benutzt, um bestimmte nichtsprachliche Inhalte und Gegenstände zu erlernen und darüber zu sprechen und zu schreiben. Die Benutzung der Fremdsprache im Schulfach Französisch (direkte Methode) hingegen dient dem Spracherwerb selber. Dies führt nicht zu einer eigenen Schulsprache.

Fazit

Olivier und Jens sind heute, 1993, 17 und 16 Jahre alt. Ihre Schulzeit ist noch nicht zu Ende, aber nichts spricht gegen einen erfolgreichen Abschluß.

Beide Kinder empfinden ihre Zweisprachigkeit als persönliche Bereicherung. Sie interessieren sich lebhaft für alles, was in Frankreich geschieht und fahren nach wie vor in den Ferien am liebsten dorthin. Olivier möchte nach der Schulzeit einige Jahre in Frankreich arbeiten oder studieren. Ihre Zweisprachigkeit hat sie zu einer harmonischen bikulturellen **Identität** geführt, die für Beruf und Lebensplanung neue Perspektiven eröffnet.

Heute, da sie in beiden Sprachen lesen und schreiben können, sind die Schwankungen zwischen **starker** und **schwacher Sprache** längst nicht mehr so ausgeprägt wie in der frühen Kindheit. Die Sprachen und ihre Beziehungen haben sich auf hohem Niveau stabilisiert. Da sie darüber hinaus zu beiden Sprachen enge kulturelle und affektive Beziehungen haben, können wir davon ausgehen, daß ihre Zweisprachigkeitserziehung geglückt ist: Sie werden dieses Gut ihr Leben lang bewahren.

7 Störungen in den Sprachen: Sprachmischungen und Interferenzen

In der Literatur zur Zweisprachigkeit werden eine Reihe von Sprachstörungen angeführt, die wir aber bei Olivier und Jens überhaupt nicht und in unserer Umgebung bei anderen zweisprachigen Kindern kaum beobachten konnten. Es ist die Rede von genereller **Sprachverspätung**. Wir haben diese im Kapitel „Lesen und Schreiben" erörtert. Es ist die Rede von **Sprachverweigerung**, vom Verstummen des Kindes, vom **Stottern**, das bei Zweisprachigen häufiger auftreten soll als bei Einsprachigen. Der Nachweis, daß diese und weitere pathologische Erscheinungen durch die Zweisprachigkeit verursacht werden, ist jedoch nirgends erbracht.

Sprachverweigerung

Es kann vorkommen, daß zweisprachige Kinder anfangen, eine ihrer Sprachen zu verweigern. Die Ursachen können verschiedener Natur sein.

- Emotionale Gründe: Zwei wichtige mögliche Ursachen seien angeführt: Die Beziehung des Kindes zu einem Partner ist gestört; das Kind lehnt den Partner ab und verweigert, auch um ihn zu strafen, dessen Sprache. Die zweite mögliche Ursache: Die Eltern oder die Umgebung haben eine negative **Einstellung zur Zweisprachigkeit;** das Kind spürt diese Einstellung und verweigert die Zweisprachigkeit.
- Soziale Gründe: Hat eine der beiden Sprachen ein geringeres **Sozialprestige** als die andere, so kann es vorkommen, daß Kinder plötzlich diese Sprache verleugnen; sie genieren sich, diese Sprache zu sprechen. Solche Fälle werden besonders aus deutschen Kindergärten berichtet, in denen türkische Kinder auch untereinander deutsch reden, ja sogar die türkischen Eltern vor deutschen Kindern deutsch ansprechen. Hier wird die Sprache als Symbol der kulturellen und ethnischen **Identität** verweigert. Häufig ist Sprachverlust die Folge. Die Ursache kann aber auch in sozialem Konformismus liegen; in rein einsprachigen Umgebungen (auf dem Land, in Kleinstädten etc.) empfinden manche zweisprachigen Kinder ihre Zweisprachigkeit als sozialen Makel, sie wollen so sein wie alle anderen Kinder auch und nur deren Sprache sprechen, sie verweigern aus sozialem Konformismus die andere Sprache.

- Sprachbeherrschung: Es kann sein, daß die **schwache Sprache** zu schwach wird und darum verweigert wird. Wir nehmen an, daß es in der Sprachbeherrschung eine kritische Schwelle gibt. Wird sie unterschritten (durch mangelnde Übung, fehlende Motivation etc.), so ist die Benutzung dieser Sprache so anstrengend, die Sprachnot so groß, daß Kinder diese Sprache verweigern. Das tritt besonders dann ein, wenn sie wissen, daß der Gesprächspartner auch die andere **(starke)** Sprache des Kindes versteht.

Stottern

Einen Zusammenhang zwischen Zweisprachigkeit und Stottern konnten wir weder beobachten noch aus der Literatur rekonstruieren. Unseres Erachtens wird der Begriff „Stottern" bei Zweisprachigen fast immer benutzt, um gewisse sprachliche Unsicherheiten wie Verzögerungen, längere Pausen, *hm*-Signale, Fehlstarts etc., wie sie in der **schwachen Sprache** besonders gehäuft auftreten, zu kennzeichnen. Wenn man eine Sprache nicht fließend sprechen kann, „stottert" man in ihr. Es handelt sich hier aber nicht um einen krankhaften Zustand, sondern um ganz normale Phänomene der Wort- und Sprachnot. Diese Probleme mit der schwachen Sprache können sogar zur **Sprachverweigerung** führen. Natürlich können Zweisprachige genauso wie Einsprachige auch „richtig" stottern. Jedoch ist dafür nicht die Zweisprachigkeit verantwortlich.

Die einzigen „Störungen", die wir bei unseren Zweisprachigen feststellen konnten, sind **Sprachmischungen** und Fehler, d.h., Abweichungen von der Norm der jeweiligen Sprache, die durch **Interferenzen** verursacht sind. Bevor wir diese Erscheinungen genauer ansehen, wollen wir rasch die Begriffe klären: **Sprachmischungen** bestehen darin, daß Zweisprachige Wörter, Sätze oder Satzteile ihrer beiden Sprachen **direkt** „zusammenflicken". Dabei ist durchaus eine Sprache Grundsprache, die „eingeflickten" Elemente treten nur punktuell auf und wirken beim Hörer als Fremdkörper. Aus einer anderen Perspektive können wir auch sagen, daß Sprachmischungen durch häufiges **Umschalten** zustande kommen, das nicht den in Kapitel 4 dargestellten Regeln gehorcht. Der Begriff **Interferenz** ist der Physik entlehnt und meint dort die Erscheinung, daß es durch die Überlagerung von Wellen (z.B. Radiowellen) zu Störungen kommt (z.B. Pfeiftöne im Radio). Auf die Situation des Zweisprachigen übertragen meint der Begriff, daß sich Regeln der beiden Sprachen überlagern, und es dadurch zu Umstrukturierungen kommt, was sich nach außen in bestimmten Fehlern manifestieren kann. Der Übergang von der Sprachmischung zur Interferenz ist fließend. Sprachmischung ist im allgemeinen jedoch direkter wahrnehmbar und auch bewußter als Interferenz, weil Elemente beider Sprachen als Fremdkörper aufeinanderstoßen. Bei der Interferenz wirken die Sprachen indirekt aufeinander, es kommt zu internen Veränderungen, die nach außen nicht immer zu erkennen sind.

Treten Sprachmischungen und Interferenzen ganz regelmäßig und häufig auf – gehören sie also zum Standard des Zweisprachigen – so wollen wir eine solche Sprache **Mischsprache** nennen.

Mischsprache

Es ist hin und wieder zu beobachten, daß in doppelsprachigen Familien eine familieneigene Mischsprache entsteht. Auch sehr sprachbewußte Eltern, denen es anfangs gelingt, beide Sprachen zu trennen, neigen mit der Zeit dazu, den konsequenten und „reinen" Gebrauch der Nicht-Umgebungssprache aufzugeben. Sie beginnen, Wörter der **Umgebungssprache** in ihre **Muttersprache** einzuflicken, ohne daß dieser **Sprachwechsel** funktional ist. Die **funktionale Sprachtrennung** verschwindet. Unter dem Druck der **Umgebungssprache** kann sich ihre ursprünglich **starke Sprache** soweit abschwächen, daß die Mischungen immer häufiger auftreten und schließlich zum Standard werden. Es entsteht eine, dem Pidgin verwandte, eigenständige Mischsprache, die innerhalb der Familie nicht mehr als normabweichend empfunden wird.
Das Vorbild einer solchen Mischsprache ist nicht selten dafür verantwortlich, daß zweisprachige Kinder keine der beiden Sprachen richtig lernen. Sie werden **semilingual** (halbsprachig).

Sprachmischungen

In der frühesten Phase der Sprachentwicklung bis ca. 2,6 Jahre mischen die beiden Kinder die Sprachen ganz naiv: *encore tinta* (noch trinken) und *encore boire, tombé putt, fallt* und *putt* und *tombé cassé* wechseln miteinander ab. Offensichtlich werden beide Sprachen noch nicht voneinander geschieden.

Es sieht so aus, als ob beide Kinder zunächst für beide Sprachen ein einheitliches System suchen oder annehmen. Mit wachsendem **Bewußtsein der Zweisprachigkeit** unterbleiben die naiven Sprachmischungen. Die Trennung der Systeme beginnt zuerst im phonetischen

Bereich, dann folgt ziemlich deutlich die Aufteilung der morphologischen Systeme. Bei der Syntax ist die Trennung zweier Systeme nicht immer klar, das Lexikon scheint gar in beiden Sprachen verschmolzen zu sein, denn hier treten die meisten Sprachmischungen auf. Diese relativ groben Entwicklungsschritte verlaufen jedoch bei Olivier und Jens mit unterschiedlicher Deutlichkeit. Olivier ist sehr empfindlich gegenüber Sprachmischungen und vermeidet sie. Am empfindlichsten reagiert er auf phonetische Vermischungen; das geht so weit, daß er französische Wörter, die längst zur Norm des Deutschen gehören, wie z.B. *pardon*, in einem deutschen Satz nicht akzeptiert. Er erwidert dann: *nicht so, nicht wie Mama!* Sprachmischungen verletzen sein Ordnungsprinzip.

Folgendes Beispiel verdeutlicht gut, wie sehr Olivier sich bemüht, keine französischen Wörter dem Vater gegenüber zu gebrauchen. Mit 3,3 Jahren erzählt er seinem Vater, daß er eine Biene gesehen hat (die *Biene* war von der Mutter als *abeille* bezeichnet worden):

Olivier: *„Wir haben ein Tier gesehen, weißt Du, das fliegt"* (Bewegung)
Vater: *„Was für ein Tier?"*
Olivier: *„Na ..., so, das piekt"*
Vater: *„Ich weiß nicht, was Du meinst"*
Olivier: *„Na, Mama sagt – hm ... – das macht auch so etwas wie ... Zukker"* (er meint Honig, kennt aber nur *miel*)
Vater: *„Ich weiß wirklich nicht, was Du meinst, ich kenne kein Tier, was Zucker macht!"*
Olivier: (Wird „sauer")– – *"Och! Warte 'mal, ich frage Mama!"*
Er geht zu seiner Mutter und fragt: „*Comment ça s'appelle „abeille" en allemand?"*
Mutter: *„Biene!"*
Olivier zum Vater: *„Eine Biene haben wir gesehen, weißt Du, eine Biene"!"*
Vater: *„Ach so, eine Biene! Sie macht aber keinen Zucker, sie macht Honig!"*
Olivier: *„Ja, Honig, die Biene!"*

Die Wortnot, in diesem Fall im Deutschen, ist deutlich erkennbar. Ein äußeres Signal ist das *hm*, **Stottern** und Zögern. Olivier gibt sich sehr viel Mühe, das französische Wort zu vermeiden. Es beschreibt die Sache – in diesem Fall das Insekt – so gut er kann und versucht, immer präziser zu werden *(Tier – fliegt – piekt – macht wie Zucker)*, wobei man in *piekt* das französische Verb *piquer* erkennen kann. Wenn es ihm nicht selbst gelingt, dann erst greift er auf die Möglichkeit zurück, die Mutter zu fragen. Wenn die Mutter nicht anwesend ist, schlägt er dem Vater vor: *„Warte, bis Mama zurückkommt, dann fragen wir sie"*.

Die Mutter übernimmt für Olivier sehr oft die Rolle der Übersetzerin. Sie ist sein „Wörterbuch“, wie die folgende Szene verrät.

Olivier (4,1 Jahre) und Jens (2,9 Jahre) sind drei Wochen allein bei den Großeltern in Frankreich. Die Eltern der Kinder sind in Berlin. Es wird zweimal in der Woche am Telefon miteinander gesprochen (meist abends):

Mutter (am Telefon): *„Oli? C'est maman. Tu vas bien? Jens aussi?“*
Olivier: *„Oui. Tu sais, on a vu des mongolfières avec Mémé, des gros ballons. Et puis on a vu aussi des écluses avec des péniches dedans. Donne vite papa! Je veux raconter!“*
Vater: *„Tag Oli! Was macht ihr?“*
Olivier (aufgeregt): *„Du, Rainer! Wir haben große Ballons gesehen! Die fliegen ganz hoch! Weißt Du? Und wir haben auch, weißt Du? Solche Dinge für die Boote ...hm ... weißt Du?* (dies *weißt Du* deutet auf Wortnot hin).
Vater: *„Meinst Du einen Hafen?“*
Olivier: *„Nein, eine Mauer im Wasser! Gib' mal Mama!“*
Olivier (zur Mutter): *„Comment ça s'appelle ‚écluse‘ en allemand? Et aussi ‚mongolfière‘ et aussi ‚pigeon‘?“*
Mutter: *„‚Ecluse‘ c'est ‚Schleuse‘, ‚mongolfière‘ ... je ne sais pas, et ‚un pigeon‘, c'est ‚eine Taube‘.“*
Olivier: *„Ah, oui, ‚Taube‘. Passe vite papa!“*
Olivier (zum Vater): *„Ja, wir haben eine Schleuse gesehen, Tauben auch; in der Schleuse sind die Boote hochgekommen!“*

Wir sahen schon im vorausgehenden Kapitel, daß Jens Sprachmischungen gegenüber sehr viel toleranter ist. Allerdings unterscheidet auch er, wie sein Bruder, sehr deutlich die beiden phonetischen Systeme; in der Syntax und im Wortschatz nimmt er es jedoch nicht so genau. Bei ihm kann man mit 2,1 Jahren beobachten, wie er versucht, ein zweisprachiges Lexikon aufzubauen. Wenn er allein spielt, sagt er nämlich Wörter in beiden Sprachen hintereinander auf und versieht sie jeweils mit ihrem Etikett, z.B.:

Papa: ‚nee-mann‘; maman: ‚nomme-neige‘;
Papa: ‚tuhl‘; maman: ‚chaise‘, etc.

Dementsprechend sind die jeweiligen Lexika bei Jens sehr viel durchlässiger als bei Olivier. Jens versucht nicht, bei Wortnot unbedingt das richtige Wort der anderen Sprache zu finden. So sagt er mit 2,9 Jahren zu seinem Vater:

Jens: *„Guck'mal! eine ‚mouche‘!“*
Vater: *„Eine ... was?“*
Jens: *„Eine ‚mouche‘! Da! Guck!“*
Vater: *„Ach so, eine Fliege!“*
Jens: *„Ja, eine Fliege!“*

Eine solche Sprachmischung würde er sich Fremden gegenüber nicht erlauben. In Anwesenheit von Unbekannten versucht auch Jens, die Normen der Einsprachigen zu respektieren. Er ist sich also wohl bewußt, daß seine Mischungen unkorrekt und unschön sind. Gegenüber den Eltern jedoch, besonders in Anwesenheit der Mutter, die ja beide Sprachen versteht, wird aus unterschiedlichen Motiven gemischt: Einmal will Jens besonders genau sein, und es kann passieren, daß nur das Wort der anderen Sprache genau das ausdrückt, was er meint; zum Beispiel ist das magisch besetzte Wort *Bagger* für ihn nicht übersetzbar, es wird als Eigenname ins Französische gemischt. Ein anderes, häufigeres Motiv ist Bequemlichkeit. Jens hat keine Lust, nach dem fehlenden Wort zu suchen. Bei diesen Mischungen der Lexika lassen sich bei ihm gewisse Regeln erkennen. Das jeweils zuerst gelernte bzw. das „flüssigere" Wort dringt ins Lexikon der anderen Sprache ein. Zum Beispiel hat er *mouche* vor *Fliege* gelernt, dasselbe gilt für *escargot*. Beide Wörter werden gerne in einen deutschen Satz eingeflickt. Wenn der Vater jedoch das Kind darauf aufmerksam macht, daß er nicht versteht, greift Jens sofort auf die deutschen Wörter zurück, die ihm geläufig sind. Etwas anders liegt die Situation bei *bourdon, guêpe, moustique*. Auch hier handelt es sich um erstgelernte Wörter, jedoch ist die deutsche Übersetzung wenig geläufig, so daß sie meist nur mit Hilfe gefunden wird (Olivier korrigiert z.B.: *das heißt doch nicht ‚moustique', sondern ‚Mücke').*

Regenwurm und *Käfer* hingegen sind Wörter, die zuerst im Deutschen gelernt wurden. Sie werden darum auch gern in französische Sätze eingeflickt. Bei *Käfer* kommt hinzu, daß das deutsche Wort einen viel größeren Allgemeinheitsgrad und damit Geltungsbereich hat als mögliche französische Übersetzungen, die immer nur für bestimmte Käfersorten existieren.

Fassen wir zusammen: Sprachmischungen treten vor allem im Wortschatz auf. Sie bleiben bei den Kindern immer ein punktuelles Phänomen, entarten also nie zur **Mischsprache**. Erstgelernte, geläufigere und allgemeinere Wörter schieben sich an Stelle lexikalischer Lücken in die andere Sprache. Die Neigung zu solchen Mischungen sind stark abhängig von personalen Faktoren, Jens neigt viel stärker dazu als sein Bruder, aber auch der Gesprächspartner, die Förmlichkeit der Situation und das Thema bestimmen die Strategien der Kinder in Fällen der Wortnot:

- In einer förmlichen Situation gegenüber Fremden brechen Olivier und Jens bei Wortnot den Satz ab. Sie verstummen.
- Wissen sie, daß der Gesprächspartner die andere Sprache auch versteht, so wenden sie (besonders Jens) je nach Vertrautheit folgende Verfahren an:

- Sie übernehmen das deutsche Wort, führen es aber metasprachlich ein: *Papa dit* oder später *en allemand* (bei der Mutter; aber auch gegenüber weniger vertrauten Personen).
- Sie flicken das deutsche Wort direkt als Fremdwort kommentarlos ein (sehr selten, nur bei der Mutter und bei guten Bekannten);
- Sie übernehmen das deutsche Wort, passen es aber phonetisch und morphologisch dem Französischen an, z.B. *je veux pas spüler aujourd' hui.* Hier fehlt ihnen im Moment das französische *faire la vaisselle*, das deutsche *spülen* wird französisiert in [*Spyle*] (bei der Mutter und bei guten Bekannten).
- Sie suchen im Französischen ein Äquivalent, In diesen Fällen wird also Sprachmischung vermieden. Wenn es zu Fehlern kommt, dann handelt es sich um **Interferenzen**, die wir im folgenden Abschnitt behandeln wollen.

Sprachmischung

Sprachmischung bedeutet das Durchbrechen der funktionalen Sprachtrennung. Während beim **Sprachwechsel** das **Umschalten** funktional ist, ist bei der Mischung keine besondere „Botschaft" erkennbar. Die Grenzlinie zwischen Sprachwechsel und Mischung ist jedoch unsicher, da oft nicht entscheidbar ist, was der Sprecher eventuell mit dem Sprachwechsel bezweckt.
Sprachmischung gehört wie Sprachwechsel zur Rede des Zweisprachigen. Je nach Normbewußtsein und Sprachkompetenz (→ **starke** und **schwache Sprache)** ist sie sehr variabel: vor dem **Bewußtsein der Zweisprachigkeit** gibt es eine relativ naive Sprachmischung, später hängt sie ab von der Strenge des eigenen Ordnungsprinzips, dem Vorbild der Eltern, dem Formalitätsgrad der Situation, der Einschätzung des Gesprächspartners, der Art des Gesprächsthemas etc.
Die Ursachen für punktuelles **Umschalten** der Sprachen innerhalb einer Äußerung können vielfältig sein. Meist sind Wort- und Sprachnot in einer Sprache und größere Geläufigkeit der entsprechenden Struktur oder des Wortes in der anderen Sprache beteiligt. Aus Ökonomie und Bequemlichkeit wird in die andere Sprache gewechselt. Zuerst gelernte, geläufige und allgemeinere Wörter einer Sprache werden besonders gern in die andere „eingeflickt".
Sprachmischungen sind durch konsequente **funktionale Sprachtrennung** und diszipliniertes Sprachverhalten der Eltern leichter zu verhindern als **Interferenzen.** Ein gewisses Maß an Sprachmischungen ist wohl nicht zu vermeiden, jedoch sollte daraus keine **Mischsprache** werden.

Interferenzen

Interferenzen sind am leichtesten an bestimmten Fehlern erkennbar. Nun machen alle Kinder in der Spracherwerbsphase Fehler, und das ist bei zweisprachigen Kindern nicht anders als bei einsprachigen. Analysiert man diese Fehler auf ihre mögliche Ursache hin, so ist es prinzipiell schwierig festzustellen, woher sie kommen. Ein genauer Vergleich mit den jeweils einsprachigen Kindern zeigt nicht selten, daß dort ganz ähnliche Normabweichungen auch auftreten. Viele Fehler haben wahrscheinlich gar nichts mit Zweisprachigkeit und Interferenz zu tun.

Auf der anderen Seite gibt es natürlich ganz eindeutig Fehler, die auf **Interferenzen** der anderen Sprache zurückzuführen sind. Offensichtlich geraten beide Sprachen in Kontakt. Dies ist etwas überraschend und enttäuschend, denn das Erziehungsprinzip der **funktionalen Sprachtrennung** sollte eben diesen Sprachkontakt und damit Interferenz ausschließen.

Es zeigt sich aber, daß es innerhalb dieses Erziehungsprinzips zu Konflikten zwischen konkurrierenden Sprachverteilungsordnungen kommen kann und sogar muß. Bestimmte Funktionen und Sprachbereiche überlappen sich zwangsläufig, Interferenz häuft sich als notwendige Folge. Wir haben z.B. gesehen, daß die Kinder mit der Mutter in französisch und deutsch „lesen". Berichten sie dem Vater über das Gelesene, so zeigen sich in ihrem Deutsch besonders viele Interferenzen. Weil die funktionalen Sprachtrennungen im Bereich der Lesesprache nicht existieren, kommt es zu besonders vielen Konflikten. Aber Interferenzen zeigen sich nicht nur in solchen Konfliktsituationen. Ganz auffallend wirkt die **starke Sprache**, das Deutsche, auf die **schwache Sprache**, das Französische, ein. Umgekehrte Einflüsse sind kaum feststellbar. Die fehlerhafte Sprache bei Olivier und Jens ist die französische.

Beobachten wir im folgenden Interferenzen in den verschiedenen sprachlichen Teilbereichen etwas genauer. Wenden wir uns zuerst der Aussprache zu.

Die Aussprache

Wenn man Olivier französisch sprechen hört, merkt man schnell, daß er Französisch mit deutschem Akzent spricht. Im Deutschen hat er jedoch keinen französischen Akzent. Der Akzent betrifft sowohl bestimmte Einzellaute als auch Sprachrhythmus und Intonation. Sehr auffällig ist die Umbildung der stimmlosen Verschlußlaute *p, t, k* im Französischen. Nach deutschem Vorbild werden sie aspiriert und sehr wenig explosiv gesprochen, also als p^h, t^h, k^h, zum Beispiel [p^hø] statt [*p* ø] = *peu*). Das stimmlose französische *s* wird vor Vokalen unter deutschem Einfluß stimmhaft. Die Kinder sagen [zɔlej] statt [sɔlej], Vater und Kinder rufen den Vornamen der Mutter [*zilwi*] anstatt, wie im Französischen gefordert, [*silwi*]. Gar nicht betroffen von der Interferenz sind die stark kontrastierenden Laute, die für die jeweilige Sprache typisch sind, zum Beispiel werden die französischen Nasale und die deutschen Diphtonge ohne jede Störung gesprochen. Die Umbildung von Lauten vollzieht sich also eher bei ähnlichen Lauten, wobei der entsprechende Laut der schwachen Sprache nach dem Muster der starken Sprache artikuliert wird.

Im Sprachrhythmus ist der deutsche Einfluß bei Olivier noch auffälliger als in den Einzellauten. Olivier spricht Französisch mit einer typisch deutschen „hüpfenden" Satzmelodie, wohingegen Jens den fließenderen französischen Rhythmus besser trifft. Bei Olivier hört man im französischen Satz den deutschen Wortakzent; deutsche Grenzsignale wie der Knacklaut durchbrechen störend das *enchaînement* des französischen *mot phonétique*. Auch deutsche Intonationsmuster kann man bei ihm heraushören: Will man im Deutschen ein Wort besonders betonen, z.B. *sehr* in *das ist séhr schön!*, so verstärkt man den Akzent und kommt dadurch in eine höhere Tonlage. Im Französischen wird in diesem Fall eine Längung vorgenommen, z.B. in *c'est très joli!* wird *tr* länger gesprochen. Olivier betont aber im Französischen nach deutschem Muster.

Die Unterschiede in der Aussprache sind zwischen beiden Kindern sehr auffallend Es mag sein, daß hierfür die unterschiedliche Musikalität der Kinder verantwortlich ist: Jens ist sehr musikalisch, er singt eine einmal gehörte Melodie sofort richtig nach, Olivier hat mehr Mühe, sich eine Liedmelodie einzuprägen und sie richtig wiederzugeben. Er mag darum auch Mühe haben, die französische Satzmelodie richtig nachzuahmen. Olivier ist sich seines deutschen Akzentes im Französischen nicht bewußt. Nach seiner Auffassung ist sein Französisch völlig korrekt, Korrekturen und Hinweise zu seiner Aussprache nimmt er gar nicht oder unwillig zur Kenntnis. Jedenfalls verbessert er so seine Aussprache nicht. Fortschritte sind jedoch sehr schnell in den Ferien in französischer Umgebung hörbar: ein deutlicher Beweis, daß die **Umgebungssprache** besser korrigiert als metasprachliche Ermahnungen.

Grammatikalische Interferenzen

Grammatische Interferenzen sind oft nicht von lexikalischen zu trennen. Meist „stecken" sie sich gegenseitig an: lexikalisch-semantische Lehnübersetzungen ziehen oft grammatikalische Fehler mit sich. Einige typische Bildungen von Olivier und Jens zwischen dem 4. und 5. Lebensjahr sollen diese gegenseitigen Einflüsse belegen:

	französische Äußerung	mögliche Korrektur	vermutliches deutsches Muster
(1)	*ah, tu es comme ça un*	*ah, tu es comme cela!* oder: *ah, tu es bizarre!* o.ä.	*so einer!*
(2)	*il ressemble comme un singe*	*il ressemble à un singe*	*er sieht wie ... aus*
(3)	*fais pas la mouche morte!*	*ne tue pas la mouche!*	*mach' die Fliege nicht tot!*
(4)	*on arrête à l'ampoule!*	*on s'arrête au feu rouge!*	*halten wir an der Ampel!*
(5)	*c'est comment loin?*	*c'est à quelle distance?*	wie weit ...?
(6)	*j'habille mes chaussures*	*je mets mes chaussures*	*ich ziehe meine Schuhe an* wie ich ziehe mich an *(je m'habille)*

Verletzt werden grammatikalische Merkmale des Verbs: der präpositionale Anschluß (2); die Reflexivität (4); das mögliche Objekt kann nur belebt sein (6); trennbare Präfixe bei Verben (3) gibt es im Französischen nicht; syntaktisch nicht erlaubte Verbindungen werden in (1) und (5) gebildet. Mit dem Verb werden auch die Konstruktionsregeln des Verbs übernommen.

Wenn wir diese und viele andere Interferenzfehler analysieren, so lassen sich einige allgemeinere Gesetzmäßigkeiten darin erkennen:

- Oft ist – wie in den obigen Fällen – eine stille Lehnübersetzung Auslöser der Interferenz.
- Interferenz tritt bevorzugt bei komplexen und damit schwierigen Strukturen auf. Hohe Komplexität kann jedoch in Einzelfällen durch große Gebrauchshäufigkeit aufgewogen werden.
- Interferenz ist für zweisprachige Kinder eine Hilfe beim Gebrauch dieser komplexen Strukturen. Interferenz reduziert im allgemeinen die Komplexität, das heißt, die Interferenz wirkt vor allem da, wo es ein Komplexitätsgefälle zwischen beiden Sprachen gibt: Die weniger komplexe Struktur schiebt sich an die Stelle der komplexeren.

- Interferenz basiert auf einer partiellen Ähnlichkeit zwischen Strukturen der beiden Sprachen. Partielle Ähnlichkeit wird ausgedehnt zur vollen Identität. Die Ähnlichkeit wirkt als „Eselsbrücke".
- Interferenz aus dem Deutschen wirkt sehr häufig kombiniert mit möglichen innersprachlichen Übergeneralisierungen.
- Interferenz tritt nicht systematisch auf, sondern wechselt in inkonsequenter Weise mit korrekten Strukturen. Sie ist ein punktuelles Phänomen, das von situativen, kontextuellen und personalen Faktoren abhängt.

Wir wollen diese allgemeinen Beobachtungen an einigen Interferenzfällen belegen:

Wir sahen im vorausgegangenen Kapitel, daß auch einsprachig französische Kinder mit der Syntax ihrer Personalpronomen sehr lange Probleme haben, denn die Stellungsregeln der französischen Personalpronomen sind hochgradig komplex. Unter den französischen Strukturen gibt es einige, die dem Deutschen sehr ähnlich sind, zum Beispiel:

*donne-**moi**!*	*gib **mir**!*
*je veux **le** voir*	*ich will **ihn** sehen*

Das französische und deutsche Objektpronomen besetzt in diesen Strukturen die gleiche Position: Es steht hinter dem konjugierten Verb. Jedoch ist im Französischen die Nachstellung des Pronomens die Ausnahme, im Deutschen ist sie die Regel. Es gibt darum ein deutliches Komplexitätsgefälle vom Französischen zum Deutschen in der Syntax der Personalpronomen.

Olivier und Jens sagen mit drei Jahren häufig *moi je vois toi*, wo die französische Norm *moi, je te vois* fordert. Wie ist diese fehlerhafte Äußerung zu erklären? Einmal ist die Syntax des Deutschen eine mögliche Interferenzquelle, auf der anderen Seite gibt es aber auch die oben angeführten französischen Muster als mögliches Vorbild. Interferenz aus dem Deutschen und innersprachliche Übergeneralisierung treten kombiniert auf. Die Bevorzugung der Nachstellung hängt sicher auch damit zusammen, daß die Kinder, wie Seite 57 gesehen, zuerst die betonten Pronomen lernten.

Reduktion des Systems auf die betonten Pronomen und tendenzielle Nachstellung dieser Pronomen führen jedenfalls zu einem deutlichen Abbau an Komplexität und sind damit lernerleichternd. Mit ca. 3,5 Jahren sind diese Fehler überwunden. Im *passé composé* jedoch sagen Olivier und Jens sehr hartnäckig bis zum 5. Lebensjahr:

	Norm
il a me vu	*il m'a vu*
il a me donné	*il m'a donné*
j'ai lui donné un bonbon	*je lui ai donné*

Erneut ist das Muster der deutschen Syntax erkennbar, aber auch französische Vorbilder sind denkbar, zum Beispiel in *il veut* **me** *voir.* Jedenfalls hieße es das Problem verkürzen, wollte man solche Fälle nur auf deutsche Interferenz zurückführen.

Die Funktion der „helfenden" Interferenz zeigt sich sehr deutlich in folgenden Fällen der prädikativ gebrauchten Possessiva. Im Französischen gibt es eine schwierige Konstruktion mit substantivierten Formen: *C'est le mien, la tienne* etc. Im Deutschen kann man einfach das Possessivpronomen adjektivisch gebrauchen: *das ist mein.* Zum Beispiel sagen Olivier und Jens vereinfachend nach deutschem Muster bis 4,8 Jahre auch im Französischen:

le vélo, c'est mon!
tiens un livre, c'est ton?
la bouteille, c'est ta?

Trotz der Korrektur der Mutter halten sich diese Interferenzen hartnäkkig. Daneben wird indes auch die korrekte und einfachere Struktur *le vélo, c'est à moi* gebraucht.

Ähnliche Vereinfachungen durch Interferenz machen sich auch in Vergleichssätzen bemerkbar: Die erste Vergleichsstruktur ist bei Jens und Olivier wie bei allen französischen Kindern *je suis grand comme toi.* Zu dem schwierigeren, weil komplexeren *je suis aussi grand que toi* kommen die Kinder über die fehlerhafte „Zwischenstruktur" *je suis (aus)si grand comme toi.*

Der besonders massive Gebrauch der Vergleichskonjunktion *comme* bei Olivier und Jens mag zusätzlich noch durch das deutsche Vorbild *wie* hervorgerufen werden. Analog wird *comme* auch im Komparativ gebraucht, genauso wie deutsch *wie.* Olivier sagt im Französischen:

je suis plus grand comme Jens (que)

Und im Deutschen:
ich bin größer wie Jens (als)

In beiden Sprachen läuft also ein strukturvereinfachender Interferenzprozeß ab, der das Vergleichssystem in beiden Sprachen auf *comme/wie* reduziert.

Wir haben im vorigen Kapitel gesehen, daß Jens und Olvier in deutschen daß-Sätzen das *daß* gerne auslassen, um sich den Nebensatz zu vereinfachen. Olivier überträgt diese Struktur auch auf das Französische, obwohl sie hier keine Vereinfachung mit sich bringt. Wir hören von ihm mit 3,5 Jahren:

je croyais – il était encore couché (qu'il)
je sais – je peux pas monter
il faut – je fasse pipi

Sätze solcher Art bildet Olivier bis 5 Jahre. Jens hingegen setzt das im Französischen obligatorische *que*.

Interferenzen finden sich auch bei der Syntax der französischen Adjektive. Die Regeln über deren Stellung sind komplex und entsprechend finden wir auch bei einsprachig französischen Kindern lange Zeit Probleme mit der Adjektivstellung. Ähnliche Unsicherheiten treten auch bei Olivier und Jens auf, jedoch ist zu beobachten, daß sie die Tendenz haben, die Voranstellung Ajektiv – Nomen zu übergeneralisieren, wohingegen einsprachig französische Kinder eher die Nachstellung Nomen – Adjektiv übergeneralisieren. Folgende Bildungen sind von Olivier und Jens belegt:

une bleue auto
un content enfant
une triste dame

Es ist sicher nicht falsch, in diesen Bildungen auch die Syntax des deutschen Adjektivs als Muster zu vermuten. Das deutsche Vorbild mag auch hier wieder als Hilfe bei den komplexen Stellungsregeln des französischen Adjektivs funktionieren.

Wir haben bis jetzt Fälle gesehen, in denen die Interferenz vereinfachend wirkt. Es gibt aber auch Belege dafür, daß die einfachere französische Struktur durch deutschen Einfluß „verkompliziert" wird. Wir nehmen an, daß bestimmte Strukturen durch die hohe Gebrauchshäufigkeit in der **starken Sprache** auch dann wirken können, wenn sie relativ komplex sind. Hohe Komplexität kann gewissermaßen durch einen hohen Automatisierungsgrad aufgewogen werden. Belege für diesen Vorgang finden sich in der Syntax der Verbalphrase. Mit ca. 3 Jahren unterschieden beide Kinder richtig die Syntax des deutschen Perfekts (Klammerstellung) und die direkte Abfolge im französischen *passé composé*. Sie sagten also:

Jens ***hat*** *den Laster* ***geholt*** (Klammer)

Jens ***a cherché*** *le camion* (direkte Abfolge)

Mit 3,8 Jahren beeinflußt die komplexere deutsche Syntax bei Olivier die französische Stellungsregel. Olivier sagte manchmal:

Jens ***a*** *le camion* ***cherché***

Trat jedoch ein weiteres *complément de personne* hinzu, erfolgte diese syntaktische Interferenz nie. Es hieß also immer: *J'ai donné mon vélo à Jens* und nicht etwa **J'ai mon vélo à Jens donné*. Auch bei Pronominalisierungen erfolgte keine Verbverschiebung. Es hieß immer: *J'ai le donné à Jens* und nicht **J'ai le à Jens donné.*

Wir nehmen an, daß die Erhöhung der Satzkomplexität durch Hinzufügung eines weiteren Personenobjekts bzw. durch Pronominalisierung dazu führt, die einfachere französische Verbsyntax in diesen Fällen „instinktiv“ zu bewahren.

Eine analoge Erscheinung tritt bei Infinitivkonstruktionen nach Modalverben auf. Olivier und Jens sagen mit 3,5 Jahren manchmal im Französischen:

je veux ma veste mettre
je peux pas ça faire

Daneben aber auch korrekt:

je veux mettre ma veste

Immer korrekt ist die Konstruktion bei Satzverlängerungen:

je veux mettre la jolie veste de Oma

Die Verbphrase ist, insgesamt gesehen, ein besonders interferenzanfälliges Gebiet. Das mag mit der Komplexität dieses Bereichs zusammenhängen. Ausgangspunkt ist häufig die zwischensprachliche Gleichsetzung zweier Verben; beispielsweise wird *téléphoner* mit *anrufen* gleichgesetzt und dann auch so konstruiert:

je téléphone Oma (à Oma)

Andere Fälle dieser Art sind:

s'intéresser pour (à)
je suis couru (j'ai)
aide à moi (aide-moi)

Aber auch *donne à moi* und *dis à moi* treten auf, so daß bei *aide à moi* nicht unbedingt die deutsche Rektion von *helfen* als Muster dienen muß, sondern auch Konstruktionen wie *c'est à moi* das Vorbild abgeben können. Bei der Konstruktion *je suis couru* kann das Modell auch von *je suis allé* stammen. Die möglichen deutschen Interferenzen sind hier nicht von innersprachlichen Übergeneralisierungen zu unterscheiden.

Die Verben *avoir* und *être* werden gern nach deutschem Muster gebraucht. Besonders auffällig ist das bei den Altersangaben. Beide Kinder sagen: *je suis quatre ans*, manchmal auch nur *je suis quatre* (normgerecht: *j'ai quatre ans*). Diese Konstruktion wird konsequent auch im *futur* und *imparfait* verwandt, zum Beispiel: *Quand Jens sera quatre, je serai cinq et quand Jens était trois, j'étais quatre.*

Lexikalische Interferenzen

Die Abgrenzung lexikalischer gegenüber grammatischer Interferenz ist – wie wir sahen – schwierig. Oft sind lexikalische Äquivalenzen zwischen den Sprachen Ausgangspunkt für grammatische Interferenz. Wir sahen das zum Beispiel bei den Verben *téléphoner, courir* u.a. Durch solche zwischensprachlichen Äquivalenzen von Wörtern kommt es zu semantischen Verschiebungen, semantischen Uminterpretationen, Verstößen gegen semantische Restriktionsbeschränkungen französischer Wörter. Es sieht so aus, als ob Olivier und Jens versuchten, den Wortschatz in beiden Sprachen symmetrisch zu organisieren: Jedes Wort in der einen Sprache soll möglichst ein genaues Äquivalent in der anderen Sprache haben. Die zwischen den Sprachen vorhandenen Asymmetrien stören sie. Sehen wir uns einige Beispiele an:

Nous allons visiter Oma (rendre visite)
C'est lourd de faire ça (difficile)
Papa est pas fini (n'est pas prêt)

Der Mechanismus der Interferenz ist leicht durchschaubar: Ausgangspunkt ist eine partielle Äquivalenz zwischen einem deutschen und französischen Wort, z.B. fragt die Mutter oft *tu as fini?* Ihre Frage entspricht genau der deutschen Frage *bist Du fertig?* Demnach sind *fini* und *fertig* für Olivier und Jens äquivalente Wörter. Hierdurch kommt es zu semantischen Verschiebungen: *fini* hat für beide Kinder eine Bedeutung, die nicht französisch, sondern deutsch ist. Manche französischen Wortbedeutungen mögen bei Olivier und Jens auf diese Weise anders strukturiert sein als bei französisch Einsprachigen. Semantische Interferenz kann damit eine Quelle sprachlicher Mißverständnisse sein. Wir haben diese Erscheinung jedoch nicht dingfest machen können, weil sich der Verstehensprozeß der direkten Beobachtung entzieht. Zudem korrigieren wahrscheinlich Kontext und Situation sofort potentielle sprachliche Mißverständnisse.

Am besten nachprüfbar sind semantische Verschiebungen traditionell bei Farbwörtern: Farbwörter bezeichnen auf der Skala der (physikalischen) Farbtöne einen in der Sprachgemeinschaft relativ festgelegten Ausschnitt des Farbspektrums. Die Bezeichnungen für bestimmte Ausschnitte der Farbskala variieren häufig von einer Sprache zur anderen; zum Beispiel bezeichnet das französische *brun* dunklere Farbtöne als das deutsche *braun*. Jemand, der im Französischen *les cheveux bruns* oder *la peau brune* hat, würde im Deutschen mit den Farbwörtern *schwarz* oder *dunkel* bezeichnet werden, und die deutschen *braunen Haare* oder die *braune Haut* bezeichnet man im Französischen mit *les cheveux châtains, la peau bronzée*. Die bezeichneten Ausschnitte der Farbskala sind bei *brun* und *braun* nicht identisch, *brun* und *braun* haben eine etwas verschiedene Bedeutung.

Bei Olivier und Jens ist nun festzustellen, daß sie das französische *brun* zum deutschen *braun* hin verschoben haben, es bezeichnet einen relativ hellen Farbton, wenn sie es benutzen:

les chaussures brunes
les gens bruns
la terre brune
etc.

Der Ansatz zu dieser Verschiebung mag durch die phonetische Ähnlichkeit *brun* = *braun* zustande kommen. Überhaupt spielt die phonetische Ähnlichkeit bei der lexikalischen Interferenz eine große Rolle. Klangähnlichkeit funktioniert als „Eselsbrücke" bei lexikalischen Äquivalenzen (die sogenannten *faux amis*), dafür gibt es folgende Beispiele:

ce camion est pas stabile (solide)
(die phonetische Ähnlichkeitsbeziehung zielt auf *stable*)

on arrête à l'ampoule (au feu rouge)
(deutsches Muster ist *Ampel*)

Jens s'est blâmé (s'est ridiculisé)
(deutsch: *hat sich blamiert*)

Weniger interferenzgefährdete Teilgebiete

Im vorausgehenden Teil haben wir sprachliche Bereiche vorgestellt, die deutlich von der Interferenz aus der **starken Sprache** betroffen sind. Es ist darum auch wichtig, Teilbereiche zu nennen, in denen diese Störungen weniger auftreten. Wir haben gesehen, daß die Tempora und Modi zum Beispiel nicht gestört werden. In zwei weiteren Gebieten sind die fehlenden Interferenzen besonders auffallend: Zum ersten werden die komplexen *accord*-Regeln des französischen prädikativen Adjektivs nicht (oder kaum) nach dem Muster der einfacheren deutschen Regeln verändert. Jens sagt zum Beispiel zur Mutter:

T'es folle, mais moi, je suis pas fou.

Zum zweiten sind die Genera im Französischen kaum durch deutsche Genera betroffen. Dies ist einigermaßen überraschend, denn im schulischen Zweitsprachenerwerb stören die deutschen Genera sehr die französischen (z.B. *la mur*). Wir vermuten, daß die Genusmarkierung sowohl beim Adjektiv als auch beim Artikel sehr stark automatisiert ist und darum relativ interferenzgeschützt.

Olivier und Jens verfügen aber auch bewußt über die Unterscheidungskonzepte für die Genusmarkierung. So sagt Olivier zum Beispiel mit 4,11 Jahren zu seiner Mutter:

En français, c'est le soleil, en allemand die Sonne, la soleil.

Französische Interferenzen im Deutschen?

Im Deutschen kommt es nur ganz punktuell zu Einflüssen des Französischen; Satzmelodie und Akzent werden davon nicht betroffen. Es handelt sich meist um bestimmte Wörter, die manchmal französisch ausgesprochen werden. Das passiert öfter in **Umschalt**situationen. Das französische Wort im deutschen Satz antizipiert entweder eine geplante Umschaltung ins Französische, oder es ist noch ein Nachkömmling der vorausgegangenen französischen Sätze. Wir haben darüber im Kapitel, „Umschalten" gesprochen.

Olivier hat beispielsweise mit seiner Mutter französisch gesprochen, Jens will sich auf seinen Platz setzen, Olivier wendet sich kurz zu seinem Bruder und sagt: Das ist mein [*plas*], d.h. er sagt französisch *place* anstatt deutsch *Platz*. *Place* ist nach dem Trägheitsprinzip ein Nachkömmling der vorangegangenen französischen Unterhaltung. Betroffen von diesem Phänomen sind besonders phonetisch ähnliche Wörter in beiden Sprachen.

Interferenz.

Interferenz gehört wie **Sprachmischung** zur Rede des Zweisprachigen. Beide resultieren aus dem psycholinguistischen Sprachkontakt und sind trotz **funktionaler Sprachtrennung** unvermeidbar.
Bei der Sprachmischung kommt es zur *direkten* Übernahme fremder Wörter oder Sätze in die Grundsprache. Bei der Interferenz kommt es zu Überlagerungen von Regeln und Strukturen, die nur *indirekt* wirken und nicht immer leicht zu erkennen sind. Bei *on s'arrête à la Ampel* (für: *au feu rouge*) haben wir es mit Sprachmischung zu tun, bei *on s'arrête à l'ampoule* hingegen mit Interferenz, weil das französische Wort *ampoule* (Glühbirne) unter deutschem Einfluß seine Bedeutung verändert hat.
Es ist schwierig zu sagen, warum, wann und wo Interferenz auftritt und warum nicht. Die verursachenden Faktoren sind teils sprachinterner, teils individuell-psychologischer, teils kontextuell-situativer Art. Sehen wir uns zunächst die internen sprachlichen Ursachen an: Interferenz wird durch Ähnlichkeit zwischen beiden Sprachen ausgelöst. Die Ähnlichkeiten können verschiedene Eigenschaften der sprachlichen Zeichen betreffen. Meist ist die Basis der Interferenz die Bedeutungsähnlichkeit. Sie kann gestützt und verstärkt werden durch morphologische und phonetische Ähnlichkeit (z.B. zwischen *Ampel* und *ampoule*). Die Ähnlichkeit ist nicht immer objektiv gegeben, sie kann ganz subjektiv vom Zweisprachigen gesetzt werden.

Interferenz macht sich vor allem bei komplexen und damit schwierigen Strukturen bemerkbar; seltene Strukturen sind ebenfalls stärker betroffen als häufige und damit geläufigere Sprachmuster. Stark automatisierte Regeln sind infolge häufiger Übung besser gegen Interferenz geschützt. Diese Beobachtung zeigt, daß Eigenschaften sprachlicher Strukturen und individuelle Sprachbeherrschung immer zusammenwirken. Interferenz wirkt von der **starken Sprache** des Individuums auf seine **schwache Sprache**. Besonders interferenzauslösend sind schwankende Sprachverteilungsordnungen und Situationen, in denen die normale Sprache durch eine Ausnahmeregel von der anderen Sprache verdrängt wird.
Andere Faktoren sind in der individuellen Disposition verankert: Größere Toleranz bzw. Disziplin gegenüber Sprachmischung und Interferenz „bremsen" diesen Prozeß unterschiedlich stark. Interferenz ist zwar ein weitgehend unbewußt ablaufender Vorgang, aber dennoch vermag ein geschärftes Sprachbewußtsein, mögliche Interferenzen kognitiv etwas zu kontrollieren. Konzentrationsmangel, Müdigkeit, Streß und andere Faktoren lassen Interferenz eher wirksam werden. Damit sind wir schon bei den situativ-kontextuellen Faktoren, die sehr weit gestreut sind. Das Vorbild der Eltern und Umgebung, der Formalitätsgrad der Situation, die Art des Gesprächsthemas und die Einstellung zu dem/den Gesprächspartner(n) sind bestimmende Faktoren, ohne daß damit das Potential erschöpft wäre.
Objektiv ist Interferenz sicher als „Störung" des jeweiligen Sprachsystems anzusehen, subjektiv jedoch hat die Interferenz für den Zweisprachigen eine helfende Funktion: Er greift in „Sprachnot" auf Strukturmuster der anderen Sprache zurück, um Lücken zu füllen, um sich genauer auszudrücken, um komplexe Strukturen zu vereinfachen. Interferenz ist deutlicher in den produktiven Sprachfähigkeiten und -fertigkeiten also beim Sprechen und Schreiben also, erkennbar. Wir können aber auch annehmen, daß die Sprachwahrnehmung und das Sprachverstehen, also Hören und Lesen, durch Interferenz gestört werden. Interferenz ist hier eine Quelle sprachlicher Mißverständnisse.
Interferenz wirft psycholinguistisch eine Reihe ungeklärter Fragen auf, weil sie ein Beleg dafür ist, daß im zweisprachigen Individuum beide Sprachen in Kontakt geraten: Wo findet dieser Sprachkontakt statt? Gibt es ein allgemeinsprachliches Gedächtnis, in dem beide Sprachen gemeinsam gespeichert sind und darum auch in Kontakt geraten? Oder gibt es für jede Sprache einen spezifischen Speicher? Läßt sich die Art der Sprachspeicherung durch die Lernmethode beeinflussen? Wir haben ja versucht, durch das Prinzip der **funktionalen**

Sprachtrennung zwei getrennte Sprachspeicher aufzubauen. Warum kommt es dennoch zu Sprachkontakt und Interferenz? Vielleicht findet der Kontakt gar nicht im Speicher statt, sondern ist eine Folge von Abrufstrategien. Der Kontakt würde dann auf dem Weg vom Sprachspeicher zur Sprachrealisierung stattfinden.
Das Schlüsselwort **Interferenz** wirft mehr Fragen auf, als daß es darauf gesicherte Antworten geben kann.

Sprachstörungen durch Interferenzen und Sprachmischungen?

Wie sehr „stören" denn nun Interferenzen und Sprachmischungen die Sprache von Olivier und Jens? Auch diese Frage ist nicht eindeutig und objektiv zu beantworten. Die Umgebung, unterschiedliche Gesprächspartner und die Kinder selbst bewerten die Normabweichungen sehr unterschiedlich. Generell gilt, daß man mit Zweisprachigen strenger ist als mit Einsprachigen. Die Umgebung ist meist „hellhörig" und kritisch und lastet alle Fehler sofort der Zweisprachigkeit an. Die (negative) Rolle der Interferenz wird meist überschätzt. Fehler, die bei einsprachigen Kindern als normal gelten und meist gar nicht bemerkt werden, gelten bei Olivier und Jens als Makel.

Die Vorurteile über Zweisprachigkeit wenden sich gegen zweisprachige Kinder. Es ist sicher so, daß die **schwache Sprache,** das Französische, bei Olivier und Jens unsicherer und fehlerhafter ist als bei einsprachigen Franzosen desselben Alters, jedoch wird die Kommunikation mit der Mutter und den französischen Großeltern dadurch nicht gestört. Sie haben diesen Schwächen gegenüber eine positive Einstellung, helfen und korrigieren eher, als daß sie im Fehler einen Makel der Zweisprachigkeit sehen. Die **Einstellung** der Umgebung ist damit die entscheidende Instanz darüber, ob Interferenzen eine Störung sind oder nicht.

Gravierender können, auch objektiv, Sprachmischungen werden. Sie sind direkter spürbar und penetranter als Interferenzen. Sprachmischungen können eine Sprache für den Außenstehenden bis zur Unverständlichkeit entstellen. Solche **Mischsprachen** werden von Olivier und Jens jedoch nur zum Spaß hin und wieder produziert. Das Vorbild der Eltern und das konsequent durchgeführte Erziehungsprinzip *une personne, une langue* haben diese gar nicht erst aufkommen lassen.

Ein weitgehend ungeklärtes Problem ist es, ob die Sprachwahrnehmung und das Sprachverständnis bei Olivier und Jens durch Interferenz gestört werden. Wir vermuten in der Tat, daß Interferenz Quelle mancher Mißverständnisse ist, können diese mögliche Störung jedoch nicht direkt beobachten. Subjektiv mögen Interferenz und Sprachmischung von den Kindern zwiespältig „gefühlt“ werden. Wenn sie sich durch ihre Sprache bewertet und beurteilt fühlen, wenn also das Korrektheitsmaß der Norm gespürt wird, dann führen Interferenzen und Sprachmischungen zu Störungen, die zu vermeiden sind. Dies geschieht immer in Anwesenheit von Fremden und besonders in der Schule. Wenn die Kinder jedoch die Sprache als privates und rein persönliches Kommunikationsmittel empfinden, können Interferenz und Sprachmischung helfend sprach- und lernerleichternde Funktionen erfüllen. Besonders unter anderen Zweisprachigen gelten sie häufig als legitim und angemessen. Sie bereichern, subjektiv gesehen, den Ausdruck, weil der Zweisprachige durch Sprachmischung genauer sein kann, auf die Möglichkeiten zweier Sprachsysteme zurückgreifen kann.

Die Frage, ob Interferenz und Sprachmischungen „Störungen“ sind, ist also nicht so einfach und eindeutig zu beantworten. **Einstellungen** der Umgebung und des sprechenden Individuums bestimmen letztendlich die Bewertung dieser Erscheinungen.

8 Bilanz: Vor- und Nachteile der Zweisprachigkeitserziehung

Am Ende unserer Darstellung wollen wir nun die in Kapitel 1 angeführten Urteile und Vorurteile nochmals zusammenhängend auf ihre Stichhaltigkeit prüfen. Beginnen wir mit den „Argumenten“ gegen die Zweisprachigkeit, den angeblichen Nachteilen. Zunächst sehen wir uns die Urteile über die Sprachfähigkeit zweisprachiger Kinder an.

(1) Diese Kinder sollen durch das gleichzeitige Erlernen zweier Sprachen überfordert sein
(2) Diese Kinder sollen weder die eine noch die andere Sprache richtig beherrschen, sie sollen semilingual sein, halbsprachig
(3) Sie sollen sprachlich verspätet sein
(4) Sie sollen keine Muttersprache haben
(5) Sie sollen sprachlich nicht kreativ sein.

Zu (1): Bei der **natürlichen Zweisprachigkeit** ist es auffallend (etwa im Vergleich zum schulischen Zweitsprachenerwerb), wie mühelos und ‚von allein‘ Kinder zwei Sprachen lernen. Überforderungen treten nur auf, wenn seitens der Eltern oder Lehrer die Korrektheitsansprüche auch an die schwache Sprache sehr hoch werden. **Interferenzen** und **Sprachmischungen** müssen bis zu einem gewissen Grad toleriert werden. Das Schreiben in beiden Sprachen sollte nicht gleichzeitig erlernt werden.

Auf keinen Fall geht der Erwerb der zweiten Sprache auf Kosten der ersten. Im Gegenteil: Die Sprachen stärken sich gegenseitig. Je stärker wiederum beide Sprachen sind, um so positiver sind die Auswirkungen auf die kognitiven Fähigkeiten generell und die schulischen Leistungen im besonderen (Cummins 1984).

Zu (2) und (3): Es ist richtig, daß zweisprachige Kinder nicht beide Sprachen vollkommen und gleichmäßig erlernen. Sie haben fast immer eine **starke Sprache**, die sie ungefähr so beherrschen, wie entsprechend Einsprachige auch. Sehen wir uns in diesem Zusammenhang die Gutachten an, die die Kindergärtnerinnen über Olivier und Jens erstellt haben: Olivier wird wie folgt beurteilt: „Er ist intelligent, versteht sehr schnell, was man von ihm erwartet, ist gewissenhaft. Er nimmt aktiv teil an seiner Gemeinschaft, ist verantwortungsbewußt. Sein Wortschatz und seine Ausdrucksweise sind für sein Alter ganz normal. Das ist ein problemloses Kind.“

Jens wird von seiner Erzieherin wie folgt beschrieben:

„Jens ist sehr lebhaft und selbstbewußt. Er ist kontaktfreudig, paßt sich gut an jede neue Situation an. Er ist bei den Kindern seiner Gruppe beliebt und nimmt aktiv an gemeinsamen Spielen oder Unternehmungen teil. Er kann sich im allgemeinen besser als gleichaltrige Kinder seiner Gruppe ausdrücken, und sein Wortschatz ist größer. Jens ist problemlos."

Problematischer ist die **schwache Sprache**. Hier zeigen sich Lücken, hier machen die Kinder **Interferenz**fehler, treten **Sprachmischungen** auf, hier stottern sie manchmal aus Wortnot; in der schwachen Sprache sind auch gewisse **Verspätungen** gegenüber entsprechend Einsprachigen feststellbar.

Sie beherrschen jedoch auch diese schwache Sprache so gut, daß sie sie als vollwertiges Kommunikationsmittel einsetzen können. Olivier und Jens bleiben problemlos allein in Frankreich in rein französischer Umgebung und integrieren sich sprachlich voll in diese Umgebung. Ihre schwache Sprache wird dann stärker. Wir haben freilich auch zweisprachige Kinder getroffen, auf die die Urteile (1) bis (3) zutrafen. Diese negativen Ergebnisse einer Zweisprachigkeitserziehung ergaben sich daraus, daß die wenigen wichtigen Erziehungsprinzipien verletzt wurden. Wir wiederholen diese Prinzipien nochmals:

- Konsequente **funktionale Sprachtrennung:** Das Vorbild von **Mischsprachen** scheint vor allem verantwortlich dafür, daß keine der Sprachen richtig gelernt wird.
- Positive **Einstellung zur Zweisprachigkeit.**
- Positives **Sozialprestige** beider Sprachen.
- Ausreichend **emotionale und sprachliche Zuwendung.**

Es ist hier notwendig, auf ein Phänomen kurz einzugehen, das bei Migrantenkindern des öfteren zu Problemen führt. Es kann jedoch auf keinen Fall auf die Zweisprachigkeit generell übertragen werden, da die psychosozialen Faktoren nicht vergleichbar sind. Es ist die Rede vom:

Semilinguismus – doppelte Halbsprachigkeit

Es ist öfters unter Migrantenkindern beobachtbar, daß sie weder ihre Heimatsprache noch die Sprache des Gastlandes richtig beherrschen. Sie haben zwei **schwache Sprachen,** was für ihre schulische Entwicklung gravierende Folgen haben kann (Skutnabb-Kangas 1984; Cummins 1984).

Die Ursachen für diese Mängel sind vielfältig: Zum einen hören diese Kinder ihre Heimatsprache in der Familie oft deformiert als **Mischsprache** oder lediglich als Dialekt, oder die Mutter spricht gar die Fremdsprache Deutsch (schlecht) mit dem Kind, in der Annahme, ihm damit den deutschen Schulbesuch zu erleichtern. Jedenfalls reicht

qualitativ und quantitativ der Sprachkontakt mit der Heimatsprache nicht aus, um einen normalen Spracherwerb in dieser Sprache zu gewährleisten.
Auch der Kontakt mit der Sprache des Gastlandes ist qualitativ und quantitativ nicht intensiv genug, um die **Umgebungssprache** zur **starken Sprache** zu machen.
Gravierender noch als die Übungs- und Gebrauchsmängel in beiden Sprachen sind die psychosozialen Konflikte, auf die Migrantenkinder häufig stoßen: Die Motivation, die Umgebungssprache zu lernen, wird immer wieder zerstört, weil diejenigen, die diese Sprache sprechen, die Migrantenkinder zurückweisen und verachten. Die Heimatsprache, auf der anderen Seite, ist gleichfalls als negatives Symbol stigmatisiert, weil gerade sie das Migrantenkind zum unerwünschten Ausländer macht. **Sprachverweigerungen** und **Identitätskrisen** sind häufig zu beobachtende Folgen.
Semilinguismus ist eine Erscheinung, die häufig mit mangelndem **Sozialprestige** einer Sprache verknüpft ist. Die Ursachen sind psychosozialer, nicht sprachlicher Art.

Die folgenden Urteile (4) und (5) über die fehlende **Muttersprache** und mangelnde sprachliche Kreativität gehen im Grunde schon über die reine Sprachfähigkeit hinaus. Sie sind im übrigen auch die Wurzel einer ganzen Reihe von Vorwürfen, die die gesamten geistigen Fähigkeiten und die Persönlichkeitsstruktur des zweisprachigen Kindes in Frage stellen. Wir wollen darum gleich diese Vorwürfe mitbesprechen. Sie lauten:

(7) Die Kinder sollen phantasielos und gefühlsarm sein.
(8) Sie sollen doppelzüngig, berechnend und verlogen sein.
(9) Sie sollen entwurzelt und heimatlos, ohne Identität sein.
(10) Sie sollen oft stottern, linkshändig und ungeschickt sein.
(11) Sie sollen orientierungslos, labil und passiv im Verhalten sein.
(12) Sie sollen oberflächlich sein.
(13) Sie sollen Minderwertigkeitskomplexe haben.
(14) Sie sollen eine gespaltene Persönlichkeit haben und zur Schizophrenie neigen.

Die Vorwürfe und „Argumente" berühren einen Themenkomplex, der seit der Antike Philosophie, Psychologie, Sprachwissenschaft, Ethnologie, Pädagogik etc. beschäftigt. Es geht um die Beziehungen zwischen Sprache – Denken – Wirklichkeit. Leitfragen dieses Themenkomplexes sind etwa die folgenden: Wie groß ist der Anteil der Sprache am Wahrnehmungs- und Denkprozeß? Wie stark wird unsere Welt- und Wirklichkeitsanschauung durch die Muttersprache determiniert? Nach heutigem Sprachgebrauch: Ist unsere Kultur durch die Muttersprache bestimmt? Im Falle der Zweisprachigkeit sind diese Fragen wie folgt abzuwandeln: Bringt die Zweisprachigkeit vielleicht eine doppelte Welt- und Wirklichkeitsanschauung? Gehört der Bikulturalismus zwangsläufig zum Bilinguismus? Bedeutet dies eine Spaltung (Schizophrenie) des Wahrnehmens und Denkens? Identitätsverlust und Heimatlosigkeit? Die oben angeführten Vorwürfe beruhen zum Teil auf solchen Annahmen.

Wir können zu diesem Fragenkomplex nur einige verkürzte Anmerkungen machen. Zur Vereinfachung stellen wir zwei konträre Sprachauffassungen dar und diskutieren unser Problem aus deren Sicht:

- Die idealistisch-romantische Sprachauffassung, die in Deutschland mit Namen wie Humboldt, Weisgerber, Trier verbunden ist. Aus einer freilich anderen Ausgangslage wurde eine ähnliche Sprachauffassung in Amerika in der Sapir-Whorf-Hypothese formuliert.
- Eine rationalistische Sprachauffassung, die mit Namen wie Descartes, Leibniz, Chomsky, Hjelmslev verbunden ist.

Wenden wir uns zunächst den Vertretern der idealistischen Sprachauffassung zu. Nach deren Sprachverständnis bildet die Sprache nicht die Welt ab, sondern sie deutet und vermittelt sie in „geistigen Zwischenwelten“ (Weisgerber). Dabei handelt es sich um muttersprachlich fixierte und genormte Wirklichkeitsbilder. Dieses „Weltbild der Muttersprache“ prägt unsere Wahrnehmung und unser Denken, schafft erst unsere jeweils ganz spezifische nationale Kultur. Die Muttersprache lernen heißt darum, immer auch deren Weltbild und Kulturnormen zu übernehmen. Die Muttersprache ist einmalig und damit unübersetzbar in andere Sprachen. Ein Zweisprachiger müßte nach dieser Sprachauffassung konsequenterweise zwei verschiedene Kulturen und zwei Identitäten haben, im Extrem also schizophren sein.

Sehen wir uns die Situation von Olivier und Jens an: Sie sind in Deutschland aufgewachsen und haben die deutsche Wirklichkeit zunächst auch der französischen Sprache unterlegt. Sie sind zweisprachig aber nicht bikulturell. Ein einfaches lexikalisches Beispiel dafür: Die Wörter *Brot* und *pain* bezeichnen in der deutschen und französischen Kultur etwas ziemlich Verschiedenes. Im Deutschen ist *Brot* ein kompakter Laib, meist grau und etwas fest. Davon werden Scheiben abgeschnitten und mit Butter und Aufstrich versehen. Im Französischen ist *pain* (in Form von *baguette* zum Beispiel) meist eine lange, dünne Stange, hell und knusprig. Sie wird zum Essen gebrochen und dazugegessen. Die Kinder haben dem französischen Wort *pain* zuerst die deutsche Wirklichkeit *Brot* unterlegt. Wir konnten ja bei Jens beobachten, wie er sich ein zweisprachiges Lexikon ausdachte, in dem das französische Wort quasi als Schablone des deutschen Wortes geführt wurde. Nach den ersten Reisen nach Frankreich jedoch haben die Kinder schnell bemerkt, daß Wörter in den beiden Sprachen nicht unbedingt äquivalent sind, *Brot* und *pain* bedeuten und bezeichnen in der deutschen und französischen Kultur etwas Verschiedenes. Durch eine solche Erfahrung werden die Kinder langsam bikulturell. Eine solche Entdeckung macht nicht orientierungslos, doppelzüngig oder gar schizophren; im Gegenteil: Eine solche Erfahrung emanzipiert von der Sprache, sie vermittelt die wichtige Einsicht, daß Wörter und Dinge der Wirklichkeit nicht identisch sind. Die Erkenntnis der sprachlichen Subjektivität und Willkür wird zweisprachigen Kindern früher und eindringlicher vermittelt als Einsprachigen. Sie lernen, daß ihre beiden Sprachen die Wirklichkeit anders sehen und anders gliedern können, daß eine Sprache im Vergleich zur anderen Lücken aufweisen kann oder auch genauer unterscheiden kann. Wir haben diese Lernerfahrungen ja immer wieder beobachten können. Olivier und Jens haben (mit einiger Mühe) begriffen, daß die braunen Farbtöne im Französischen anders gegliedert sind als im Deutschen, daß es im Französischen kein direktes Verb für deutsch *spülen* gibt, daß der Sachverhalt, den wir im Deutschen als *Lebensgefahr* bezeichnen, im Französischen geradezu konträr dazu als *danger de mort* gesehen wird.

Wir sind der Meinung, daß solche Einsichten Distanz zur Sprache verschaffen, was wiederum Voraussetzung zur Sprachkritik ist. Zweisprachige lernen früher als Einsprachige die Relativität der Wörter, sie lernen früher zu unterscheiden, ob die Dinge in der Wirklichkeit verschieden sind oder ob nur die Wörter verschieden sind. Die kulturelle und soziale Distanz, die zwischen zwei Ländern objektiv bestehen mag, ist nicht identisch mit der Verschiedenartigkeit der Wörter in den Sprachen. Gleichartigkeit der Wörter ist wiederum nicht gleichzusetzen mit Gleichartigkeit der Kulturen.

Nun besteht eine Sprache nicht nur aus Wörtern. Es mag sein, daß grammatische Kategorien unser Denken nachhaltiger beeinflussen als der Wortschatz. Whorf (1963: 20) hat in diesem Sinne argumentiert: „Menschen, die Sprachen mit sehr verschiedenen Grammatiken benützen, werden durch diese Grammatiken zu typisch verschiedenen Beobachtungen und verschiedenen Bewertungen äußerlich ähnlicher Beobachtungen geführt. Sie sind daher als Beobachter einander nicht äquivalent, sondern gelangen zu irgendwie verschiedenen Ansichten der Welt". Auch dazu wollen wir uns zwei Beispiele ansehen: In der französischen Grammatik werden durch die Wahl des Artikels drei verschiedenartige Mengenbegriffe markiert: Es gibt ‚bestimmte und zählbare Mengen', die mit den Artikeln *le/la* – *les* angezeigt werden (*le pain* – *les pains*, deutsch: das *Brot* – die *Brote*). Es gibt zweitens, ‚unbestimmte und zählbare Mengen', die mit den Artikeln *un/une – des* angezeigt werden (*un pain – des pains*, deutsch: *ein Brot – Brote*; das Deutsche setzt hier im Plural keinen Artikel). Es gibt drittens ‚unbestimmte und nicht-zählbare Mengen', die durch die Artikel *du/de la (article partitif)* angezeigt werden (*je mange du pain*, deutsch: *ich esse Brot*, auch hier setzt das Deutsche keinen Artikel). Für ‚nicht-zählbare Mengen' gibt es zu diesem Artikel logischerweise keinen Plural.

Für die letztgenannte Kategorie der ‚nicht-zählbaren Menge' haben wir im Deutschen keinen besonderen Artikel und heben folglich diese Kategorie sprachlich nicht besonders hervor. Wir unterscheiden durch die Artikelsetzung nicht: ich *esse Brot* von ich *esse Brote*, beidemal steht im Deutschen kein Artikel. Beobachten Sprecher der deutschen Sprache darum Mengen anders als Franzosen? Nehmen Olivier und Jens, wenn sie in französisch denken, Mengen deutlicher wahr, als wenn sie in deutsch denken? Können sie im Deutschen ‚zählbare Mengen' (*ich esse Brote*) nicht deutlich unterscheiden von ‚nicht-zählbaren Mengen' (*ich esse Brot*)? Ganz offensichtlich können wir über diese Kategorie im Deutschen sprechen (was wir gerade tun), die Kategorie ist ausdrückbar und übersetzbar. Sie ist im Deutschen auch formal eindeutig markiert, nämlich durch die Kombination *Nullartikel + Nomen im Singular*. Die Grammatiken sind zwar verschieden, aber die Begriffe werden ausgedrückt.

Sehen wir uns das zweite Beispiel an: Das deutsche und französische System der Tempora ist in den Grammatiken verschieden ausgeprägt. Im Französischen gibt es unter den einfachen Vergangenheitstempora eine differenziertere Aufteilung durch *passé composé, imparfait* und *passé simple* (in der Schriftsprache). Im Deutschen fehlt vergleichsweise das *passé simple* und das *Präteritum* hat einen anderen Wert als das *imparfait*. Es ergeben sich darum hier tatsächlich Übersetzungsprobleme. Aber: beobachten und bewerten der Deutsche und der Franzose Ereignisse der Vergangenheit darum verschieden, weil ihre Vergangenheitstempora verschieden ausgeprägt sind? Sehen und bewerten Olivier und Jens, wenn sie französisch sprechen, die vergangenen Ferien etwa anders, als wenn sie davon in deutscher Sprache erzählen? Haben sie eine gespaltene Weltansicht? Wir glauben nicht, daß unsere Wahrnehmungen der Wirklichkeit dermaßen stark durch die Kategorien der Sprache determiniert sind. Denn zum ersten sind sprachliche Kategoriensysteme in sich nicht einheitlich und kohärent, sondern zerfallen meist in eine Reihe von Teilsystemen, die wir nebeneinander und miteinander benutzen. Es gibt darum gar nicht **das** Weltbild der **Muttersprache,** sondern allenfalls **viele** konkurrierende Weltbilder. Die oben genannten Tempora des Französischen z.B. verteilen sich unterschiedlich auf die gesprochene und geschriebene Sprache – das *passé simple* ist eine Erscheinung, die der gehobenenSchriftsprache angehört. In der gesprochenen Umgangssprache tritt diese Kategorie nicht auf. – Durch welches dieser Teilsysteme sollte der Franzose Ereignisse der Vergangenheit zeitlich wahrnehmen und gliedern? Zum andern: Unsere Wirklichkeit und Kultur wird auch durch nichtsprachliche Kategorien bestimmt. Strukturieren nicht Uhr und Kalender unser Zeitverständnis stärker als die Zeitraster der Sprache? Unsere ‚Weltanschauung' wird eben nicht so sehr durch sprachliche Kategorien, sondern vielmehr durch naturwissenschaftliche Instanzen und besonders durch soziale Faktoren bestimmt. Es ist sicher so, daß ein deutscher und französischer Intellektueller – zwei Menschen mit verschiedener Muttersprache – mehr Gemeinsamkeiten in ihrer Kultur haben können als ein französischer Intellektueller und ein französischer Arbeiter – zwei Menschen mit gleicher Muttersprache –, die aber eben aus sozialen Gründen verschiedene Teilsprachen dieser Muttersprache sprechen.

Wenden wir uns nun der rationalistischen Sprachauffassung zu, für die wir schon im Laufe der Diskussion Partei ergriffen haben. Überspitzt könnten wir die rationalistische Position wie folgt beschreiben: Die Sprache ist ein Instrument des Denkens und Wahrnehmens. Wir meistern die Sprache – die Sprache meistert nicht uns. Zweisprachige verfügen damit über zwei Instrumente und *a priori* nicht über zwei Weltanschauungen, zwei Identitäten und zwei Denkweisen. Für die Sprache als Instrument gelten zwei wichtige miteinander zusammenhängende Axiome:

Das Axiom der Ausdrückbarkeit.
Das Axiom der Übersetzbarkeit.

Wir haben das Problem der Ausdrückbarkeit schon im Zusammenhang mit dem Begriff der ‚nichtzählbaren unbestimmten Menge' und den Artikeln *du/de la* kennengelernt. Der Begriff ist im Deutschen ausdrückbar, wie wir sahen. Allgemein meint das Axiom der Ausdrückbarkeit folgendes: Alles, was man meint, kann auch in jeder Sprache ausgedrückt werden. Hjelmslev hat diesen Tatbestand einmal so beschrieben (1968, S. 125): „(...) in der natürlichen Sprache kann man, wenn notwendig, durch Umschreibung und genau ausgedachte Darstellungen formulieren, was auch immer man will. (...) In der natürlichen Sprache kann man sich ... wie Søren Kierkegaard gesagt hat, mit dem Unsagbaren beschäftigen, bis es ausgesagt ist." Wir sind schon deshalb nicht in unserer Sprache „eingesperrt", weil wir ja über die Sprache selber sprechen können. Wir können notfalls also in der Metasprache sagen, umschreiben, erklären, was wir in der Primärsprache Mühe hatten auszudrücken.

Das Axiom der Ausdrückbarkeit besagt nicht, daß alles gleich gut und leicht in jeder Sprache ausgedrückt werden kann. Es wird auch nicht geleugnet, daß bestimmte Dinge in bestimmten Sprachen nicht gesagt werden können, eben weil die **Dinge** hier nicht existieren. Die Ursache für die Nicht-Ausdrückbarkeit liegt in der kulturellen und sozialen Verschiedenartigkeit der Wirklichkeiten – nicht in den Verschiedenartigkeiten der Sprachen.

Jeder Zweisprachige macht die Erfahrung, daß bestimmte Dinge in einer der beiden Sprachen besser und einfacher sagbar sind. Der Zweisprachige mag auch die Erfahrung machen, daß eine bestimmte Sprache das Denken gern in eine gewisse Richtung „kanalisiert": Weil in einer bestimmten Sprache bestimmte Wörter und Strukturen besonders ausgeprägt sind, verführen sie das Denken vielleicht in eine bestimmte Richtung. Der „Verführung" durch die Sprache unterliegt aber auch der Einsprachige, der sie freilich gar nicht bemerkt. Dem Zweisprachigen mag es durchaus passieren, daß er in jeder seiner Sprachen etwas anders denkt und auch argumentiert. Aber nochmals: sein Denken ist darum durch die Sprachwahl nicht determiniert. Der Zweisprachige ist frei, **seine** Konzepte in jeder der Sprachen auszudrücken.

Das Problem der Nicht-Deckungsgleichheit seiner beiden Sprachen wird vom Zweisprachigen auch metasprachlich überwunden. Durch Reflexion und Kommentar ergänzt er das Fehlende, weist auf die Lükken hin und füllt sie so. Immer wieder finden wir solche metasprachlichen Ausdrücke bei Olivier und Jens: *Papa sagt, maman dit en français, in Mamasprache* etc. Auch **Sprachmischungen** und **Interferenzen** haben letztlich die Funktion, das Gemeinte, ihr Konzept in beiden Sprachen genauer auszudrücken, helfen also, die Verschiedenartigkeit der Sprachen zu überwinden.

Üblicherweise stellt sich jedoch für den Zweisprachigen nicht das Problem der freien Sprachwahl, denn in der Regel hat er für bestimmte Themen und Denkinhalte eine Lieblingssprache: die zum Thema gehörende **starke Sprache**. Die Vorliebe ergibt sich daraus, daß im Zuge der **funktionalen Sprachtrennungen** bestimmte Themen mit bestimmten Partnern in einer bestimmten Sprache behandelt werden.

Behandeln nun Zweisprachige in dieser Sprache das Thema notwendigerweise oberflächlich? Sind sie weniger kreativ und phantasievoll als Einsprachige mit einer „echten" **Muttersprache**? Zum ersten müssen wir feststellen, daß nicht alle Einsprachigen, nur weil sie eine „echte" Muttersprache haben, sprachlich kreativ und phantasievoll sind. Der „normale" Muttersprachler kann und wird das kreative Potential seiner Sprache nicht ausschöpfen.

Das Gleiche gilt für den Zweisprachigen: Er kann und wird das kreative Potential seiner starken Sprache normalerweise nicht in Anspruch nehmen (müssen). Es ist unfair, dem Zweisprachigen „Mängel" vorzuwerfen, die genauso gut beim Einsprachigen gefunden werden können; sprachliche Kreativität und Phantasie sind eine besondere und seltene Gabe, und sie findet sich unter Zweisprachigen ebenso wie unter Einsprachigen. Wir verweisen auf zweisprachige Schriftsteller wie Ionesco, Canetti, Celan, Beckett, Conrad, Chamisso und andere, die es trotz oder auch gerade wegen ihrer Zwei- und Mehrsprachigkeit zu hoher sprachlicher Kreativität gebracht haben.

Bikulturalismus

Bikulturalismus meint das Gefühl, zwei Kulturen anzugehören. Der Begriff „Kultur" ist dabei sehr weit und vielschichtig. Kultur meint ein Werte- und Normensystem, das unser Verhalten in der Gesellschaft, unsere Einstellungen zu uns selbst und unsere Urteile über andere bestimmt. Solche soziokulturellen Regeln sind allgegenwärtig: beim Essen und Trinken, bei der Kleidung und der Art, Feste zu feiern. Die Regeln sagen, was wir sagen dürfen und sollen, was wir nicht sagen dürfen, und wie wir etwas zu verstehen haben. Sie bestimmen unsere Sitten und Bräuche und die Ordnung in unserer Gesellschaft.
Normalerweise ist eine Kultur kein homogenes, geschlossenes, „reines" System, sondern offen – wodurch sich die Kultur auch bereichert und erneuert. Besonders durch Kulturkontakte kommt es zu multikulturellen Vermischungen: Amerikanische Jeans und Hamburger, italienische Pizza und türkischer Döner Kebab gehören genauso zu unserem multikulturellen Alltag wie französische Mode und italienische Filme. Im übrigen nähern sich die einzelnen Kulturen immer stärker einer gewissen Einheitskultur.
Die Sprache ist inhärenter Teil und wichtigstes Symbol einer Kultur, denn Kultur artikuliert sich ganz wesentlich über Sprache. In dem Sinne definiert die Sprache oft geradezu die Kultur (französische Kultur = Kultur derer, die französisch sprechen). Aber Sprache und Kultur sind nicht identisch.
Der Zweisprachige ist nicht notwendig auch bikulturell. Nur in dem Maße, in dem er beide Kulturen auch gelebt und erlebt hat, hat er Teil an ihnen. Allerdings hat er durch den doppelten Sprachbesitz Zugang zu zwei Kulturen, genauso wie er durch seine beiden Sprachen auch zwei Kulturen zum Ausdruck bringen kann.

Wir haben bis jetzt das Verhältnis zwischen Sprache, Denken und sprachlicher Kreativität behandelt. In diesem Zusammenhang ist der Vorwurf aufzugreifen, Zweisprachige seien „dümmer" als Einsprachige. Meist läuft die Argumentation so: Der Zweisprachige kann keine Sprache richtig **(→ Semilinguismus)** oder er hat keine **Muttersprache** (was dasselbe meint), – folglich kann er nicht richtig denken – folglich ist er intelligenzmäßig zurück.

Die oben angeführten Gutachten über Olivier und Jens belegen nun eher das Gegenteil. Im übrigen gibt es zum Thema „Zweisprachigkeit und Intelligenz“ eine umfangreiche und lange Forschungstätigkeit. In den Untersuchungen vor dem Krieg wurde „nachgewiesen“, daß Zweisprachige intelligenzmäßig zurück sind (z.B. Blocher 1910, Saer 1923, Arsenian 1937 und noch Jones 1959).

In den Arbeiten ab 1960 ca. wurde hingegen „bewiesen“, daß Zweisprachige intelligenter sind als Einsprachige (z.B. Lambert 1962, Balkan 1970). Neuerdings werden unter dem Schlagwort des *Semilingualismus* wieder intellektuelle Defizite entdeckt (z.B. Skutnabb-Kangas 1984, Cummins 1984).

Keine dieser Arbeiten kann jedoch wirklich überzeugen: der Intelligenzbegriff ist unklar, seine Operationalisierung in Tests ist in der Gültigkeit fraglich. Probleme in der Schule – oft in der ***schwachen Sprache*** – werden vorschnell mit kognitiven Mängeln gleichgesetzt. Der Begriff Zweisprachigkeit ist genauso unklar und unbefriedigend operationalisiert. Zudem sind sozio-ökonomische und sozialpsychologische Faktoren wie Motivation, Einstellungen, Rolle des Sprachprestige u.a. gar nicht oder nur unzureichend berücksichtigt. Wir sehen keinen direkten Zusammenhang zwischen Zweisprachigkeit und Intelligenz. Allenfalls einen indirekten, der in einer komplexen Vielzahl von Faktoren aufgespürt werden müßte. Nach unserem Ermessen sind zweisprachige Kinder durch ihre Zweisprachigkeit allein weder intelligenter noch „dümmer“ als Einsprachige.

Wenden wir uns nun einem anderen Vorwurf zu, der auch mit der „fehlenden“ **Muttersprache** zu tun hat. Sind zweisprachige Kinder ‚heimatlos‘, ohne ethnische **Identität**, fühlen sie sich ‚hin- und hergerissen‘, gar ‚entwurzelt‘?

Äußerungen der Kinder zur französischen Familie wie: *„Chez nous, à Berlin ...“* oder *„mon école est à Berlin“* oder *„je peux pas rester chez toi, parce que les vacances sont finies“*, beweisen, daß die Kinder sich nicht zwischen zwei Ländern hin- und hergerissen fühlen. Sie fühlen sich zu Frankreich hingezogen und fragen häufig die Mutter: *„Quand est-ce qu'on va en vacances en France?“*. *„France“* und *„vacances“* sind fast immer verbunden. Olivier (4,11 Jahre) sagte sogar, welche Staatsangehörigkeit er besitzt: *„Je suis allemand, mais aussi un peu français parce que je parle français et j'ai une carte d'identité, mais je suis quand même allemand!“*.

Der ständige Wohnsitz (Berlin/Deutschland) wird ganz deutlich gegen das Ferienland Frankreich abgegrenzt. Die Kinder wissen sehr wohl, wo sie hingehören, entwickeln darüber hinaus Einstellungen, die ganz im Sinne eines europäischen und größeren Vaterlandes liegen.

Identität

Identität, meist als ethnische und/oder kulturelle Identität, meint das Gefühl, einer Gemeinschaft anzugehören (*ich bin Deutscher, ich bin Muselmane*). Das eigene Ich definiert sich dabei über die Zugehörigkeit zu einer Gruppe, die durch gemeinsame Merkmale wie Sprache, Kultur (→ **Bikulturalismus**), Religion, Geschichte und Ethnizität definiert wird. Der Begriff „ethnisch" steht dabei nah an „rassisch" und beruht bewußt oder unbewußt auf einer völkischen Ideologie.
Das Identitätsgefühl gibt nach innen das Gefühl der Sicherheit, des Geborgenseins, der Heimat; nach außen grenzt das Ich sich gegen die Fremden ab, die es in Zeiten der Verunsicherung auch ausgrenzt (Fremdenfeindlichkeit, Kalpaka 1990). Wie unsere Kultur ist auch unsere Identität nicht homogen und eindimensional. Wir haben viele Seelen in unserer Brust, je nachdem, welche Rollen wir sozial spielen. Dies gilt auch für den Bilingualen: Je nachdem wie der Zweisprachige die Kulturen beider Sprachen lebt und erlebt, kann er sich auch mit ihnen identifizieren. Wird der **Bikulturalismus** positiv erlebt, so ist eine bikulturelle Identität eine Bereicherung der eigenen Persönlichkeit, wird der Kulturkontakt negativ erlebt, ist eine bikulturelle Identität eine Belastung.

Zum Abschluß gilt es noch ein Mißverständnis aufzuklären, das direkt oder indirekt oft zu Vorwürfen gegen die Zweisprachigkeit schlechthin führt. Man trifft in der Tat „problematische" Kinder, die aus zweisprachigen Familien kommen. Die Ursache dafür kann darin liegen, daß zweisprachige Ehen meist spannungsreicher sind als einsprachige. In der zweisprachigen Ehe kommen die Partner aus unterschiedlichen Kulturkreisen: Unterschiedliche Auffassungen z.B. über die Rolle der Frau und Mutter mögen aufeinanderstoßen. Auch sprachliche Probleme können die Ehe belasten: schwierige Kommunikation der Ehepartner untereinander, schwierige Kommunikation und soziale Kontakte mit der Umgebung etc. Eine spannungsreiche Ehe hinterläßt aber ihre Spuren im Verhalten der Kinder. Unausgeglichenheit, Passivität oder Aggressionen, sprachliche oder schulische Störungen gehen eher auf eine gespannte Familiensituation zurück als auf die Zweisprachigkeit als solche.

Wenden wir uns nun den positiven Urteilen zu. Auch hier sind sowohl die sprachlichen als auch die gesamten geistigen Fähigkeiten und die Persönlichkeitsstruktur des zweisprachigen Kindes betroffen.

Voll zustimmen können wir nur einem Urteil, weil es evident ist:

(1) Zweisprachige Kinder lernen spielend leicht eine zweite Sprache, die andere Kinder später in der Schule nur mit Mühe lernen.

Die anderen genannten Vorteile sind hingegen nicht so deutlich und auch nicht so gewichtig. Es wird behauptet:

(2) Zweisprachige Kinder sollen die zweite Sprache besser und vollkommener lernen als das später je möglich ist.

Wenn wir uns Oliviers und Jens' Probleme mit der **schwachen Sprache** ansehen, möchten wir diesem Urteil nicht zustimmen. Zudem gibt es eine Vielzahl von Fällen, in denen auch zu einem späteren Zeitpunkt eine Fremdsprache meisterhaft gelernt wurde, – allerdings mit weit mehr Mühe und Aufwand. Der besondere Vorteil der frühen Zweisprachigkeit liegt wohl vor allem im Erlernen der echten Aussprache. Die Phonetik stellt beim späteren Erwerb meist das größte Problem dar.

(3) Zweisprachige Kinder sollen sprachinteressierter und sprachgewandter sein als einsprachige.

Auffällig bei vielen Zweisprachigen – auch bei Olivier und Jens – ist in der Tat ihr Interesse an sprachlichen Fragen. Dieses sprachliche Interesse möchten wir als Vorteil der Zweisprachigkeit verbuchen, dazu gehören: bewußte Beobachtung und Analyse von Sprache, frühzeitige Einsicht in die Subjektivität und Willkür der Sprache, frühes Interesse für weitere Fremdsprachen. Ob in jedem Fall diesem Sprachinteresse auch eine größere Sprachgewandtheit entspringt, möchten wir indes bezweifeln. Jens z.B. wird diese Gewandtheit von seiner Erzieherin bescheinigt, bei Olivier ist sie nicht besonders auffällig.

Auch die anderen „Tugenden", die immer wieder angeführt werden, scheinen nicht unbedingt ein Ergebnis der Zweisprachigkeit zu sein. So wird behauptet

(4) Zweisprachige Kinder sollen toleranter und offener sein als einsprachige.
(5) Sie sollen flexibler und anpassungsfähiger sein.
(6) Sie sollen intelligenter sein.

Wir haben bereits gesagt, daß wir keinen direkten und engen Zusammenhang zwischen Zweisprachigkeit und Intelligenz sehen. Ähnliches gilt auch für die anderen „Tugenden" der Kinder. Wir können nicht alle Persönlichkeitsmerkmale direkt aus der Zweisprachigkeit ableiten.

Olivier z.B. erwies sich sehr viel wenige flexibel und anpassungsfähig als sein Bruder. Er hat neue Ordnungen mühsam lernen müssen, auch die Toleranz war nicht von alleine da. Jens brachte hingegen diese Eigenschaften von Natur aus mit.

Wir wollen die Zweisprachigkeit nicht mit Verdiensten befrachten, die ihr nicht zukommen, möchten auf der anderen Seite aber auch, daß sie von ungerechtfertigten Vorurteilen befreit wird.

Zweisprachige Kinder sind ganz normale Kinder, haben dazu aber den unschätzbaren Vorteil, eine zweite Sprache mühelos gleich mitzulernen.

9 Zehn praktische Ratschläge

1. Die Zweisprachigkeitserziehung sollte sich natürlich ergeben. Die Eltern oder die Umgebung oder die Schule sollten verschiedene Sprachen vertreten **(→ natürliche Zweisprachigkeit).**
2. Wählen Sie die Sprachverteilung, die sprachlich und psychologisch für Sie und Ihren Partner am angenehmsten ist. Die Verteilungen *une personne, une langue* oder die Trennung **Familiensprache/Umgebungssprache** haben sich als besonders günstig herausgestellt.
3. Praktizieren Sie diese Verteilung von Geburt des Kindes an. Bleiben Sie konsequent bei dieser Ordnung, auch in Zeiten der Krise, wenn das Kind die schwache Sprache verweigert **(→ funktionaler Sprachgebrauch und Sprachtrennung)**.
4. Achten Sie darauf, daß beide Sprachen dem Kind mit ähnlich intensiver **Zuwendung** nahegebracht werden.
5. Bauen Sie bei dem Kind positive **Einstellungen zur Zweisprachigkeit** auf. Vermitteln Sie ihm positive Vorstellungen vom Land und der Kultur der schwachen Sprache. Erzählen Sie ihm Märchen und Sagen aus dieser Kultur, singen Sie Lieder mit ihm. Sie vermitteln ihm so eine **bikulturelle Identität**. Ziehen Sie die Umgebung, besonders die Spielkameraden des Kindes, ins Vertrauen. Erklären Sie der Umgebung die Zweisprachigkeit Ihres Kindes und werben Sie so für eine positive Einstellung.
6. Widerstehen Sie dem Druck der **Umgebungssprache.** Achten Sie darauf, daß die schwache Sprache nicht zu schwach wird. Vermeiden Sie **Sprachmischungen** und vor allem das Entstehen einer **Mischsprache**.
7. Pflegen Sie die schwache Sprache, indem Sie mit dem Kind öfter in das Land reisen, in dem diese Sprache als Umgebungssprache gesprochen wird. Bilden Sie eine Spielgruppe in der schwachen Sprache (**Spielsprache**).
8. Stellen Sie in der **schwachen Sprache** keine zu hohen Korrektheitsansprüche an Ihr Kind. Lehren Sie nicht zu früh Lesen und Schreiben in der schwachen Sprache.
9. Lassen Sie sich durch zeitweilige Probleme und Krisen nicht beirren. Zweisprachigkeit allein führt nicht zu Störungen. **Sprachverspätungen** o. ä. regulieren sich zwischen dem 4. und 5. Lebensjahr meist von selbst. Fragen Sie sich jedoch, ob die Familiensituation harmonisch ist, ob Sie selbst mit ihrer **Identität** Probleme haben, ob nicht eventuell Ursachen für sprachliche Störungen hier ihre Wurzel haben.
10. Lassen Sie sich nicht durch Gerede (Vorurteile) beirren!

10 Auswahlbibliographie

Afendras, E.A./Pianarosa, A. (1975), Le bilinguisme chez l'enfant et l'apprentissage d'une langue seconde: bibliographie analytique. Centre international de recherches sur le bilinguisme. Québec.

Alatis, J.E. (Hg.) (1970), Bilingualism and Language Contact: Anthropological, Linguistic, Psychological and Sociological Aspects. Washington.

Alatis, J.E. (Hg.) (1978), International Dimensions of Bilingual Education. Washington.

Albert, M.L./Obler, L.K. (1978), The Bilingual Brain. Neuropsychological and Neurolinguistic Aspects of Bilingualism. New York u.a.

Aleemi, J. (1991), Zur sozialen und psychischen Situation von Bilingualen: Persönlichkeitsentwicklung und Identitätsbildung. Frankfurt/Bern u.a.

Arnberg, L. (1981), Early Childhood Bilingualism in the Mixed-Lingual Family. Linkoping Univ. Schweden (Diss.).

Arnberg, L. (1987), Raising Children Bilingually: The Pre-school Years. Clevedon.

Arsenian, S. (1937), Bilingualism and Mental Development. New York.

Baker, C. (1987), Key Issues in Bilingualism and Bilingual Education. Clevedon.

Balkan, L. (1970), Les effets du bilinguisme français – anglais sur les aptitudes intellectuelles. Bruxelles.

Beziers, M./Van Overbeke, M. (1968), Le bilinguisme. Essai de définition et guide bibliographique. Louvain.

Blocher, E. (1910), Zweisprachigkeit: Vorteile und Nachteile. Enzyklopädisches Handbuch der Pädagogik. Langensalza.

Celce-Murcia, M. (1988), Family Immersion: A Case Study. Clevedon.

Clyne, M. (1975), Forschungsbericht Sprachkontakt. Kronberg.

Cummins, J. (1984), Bilingualism and Special Education: Issues in Assessment and Pedagogy. Clevedon.

Deshays, E. (1990), L'enfant bilingue. Paris.

Diller, K.C. (1970), ‚Compound' & ‚Coordinate' Bilingualism: A Conceptual Artefact. In: *Word* 26, 254–261.

Egger, K. (1985), Zweisprachige Familien in Südtirol: Sprachgebrauch und Spracherziehung. Innsbruck.

Elwert, T.W. (1973), Das zweisprachige Individuum, ein Selbstzeugnis. Wiesbaden.

Epstein, I. (1915), La pensée et la polyglossie. Paris.

Ervin-Tripp, S. (1975), Language Acquisition and Communicative Choice. Stanford.
Fantini, A. (1985), Language Acquisition of a Bilingual Child: A Sociolinguistic Perspective. Clevedon.
Felix, S. (1982), Linguistische Untersuchungen zum natürlichen Zweitsprachenerwerb, Tübingen.
Fishman, J.A. (1965), Bilingualism, Intelligence and Language Learning. In: *Modern Language Journal* 49, 227–237.
Fishman, J.A. (1976), Bilingual Education. An International Sociological Perspective. Rowley.
Francescato, G. (1981), Il bilingue isolato. Minerva Italica.
Freudenstein, R. (Hg.) (1980), Fremdsprachenlernen im Kindesalter. Dortmund.
Fthenakis, W.E./Sonner, A. u.a. (1985), Bilingual-bikulturelle Entwicklung des Kindes. Ein Handbuch für Psychologen, Pädagogen und Linguisten. München.
Graf, P. (1987), Frühe Zweisprachigkeit und Schule. München.
Gregorie, A. (1937 u. 1947), L'apprentissage du langage, 2 tomes. Liège.
Grosjean, F. (1982), Life with two Languages. An Introduction to Bilingualism. Cambridge, Mass./London.
Hamers, J.F./Blanc, M. (1985), Bilingualité et bilinguisme. Bruxelles.
Hjemslev, L. (1968), Die Sprache. Eine Einführung. Darmstadt.
Hornby, P.A. (Hg.) (1977), Bilingualism. New York.
Jacobson, R. (1990), Codeswitching as a Worldwide Phenomenon. New York.
Jakobovits, L.A. (1968), Dimensionality of Compound-Coordinate Bilingualism. In: *Language Learning* 3, 29–56.
Jones, W.R. (1959), Bilingualism and Intelligence. Cardiff.
Juhasz, J. (1970), Probleme der Interferenz. München.
Kalpaka, H./Räthzel, N. (Hg.) (1990), Die Schwierigkeit, nicht rassistisch zu sein. Leer.
Koller, W. (1979), Einführung in die Übersetzungswissenschaft. Heidelberg.
Lambeck, K. (1984), Kritische Anmerkungen zur Bilingualismusforschung. Tübingen.
Lambert, W.E./Tucker, G.R. (1972), Bilingual Education of Children. Rowley.
Lambert, W.E. (1962), The Relation of Bilingualism to Intelligence. In: Lambert (1972), 111–159.
Lambert, W.E. (1972), Language, Psychology and Culture. Stanford.
Lenneberg, E.H. (1972), Biologische Grundlagen der Sprache. Frankfurt.
Leopold, W. (1939–1950), Speech Development of a Bilingual Child, 4 tomes. Evanston.
Lüdi, G./Py, B. (1983), Zweisprachig durch Migration. Tübingen.

LÜDI, G./PY, B. (1986), Être bilingue, Bern/Frankfurt u.a.

MACKEY, W.F. (1972), Bibliographie internationale sur le bilinguisme. Centre international de recherches sur le bilinguisme. Québec.

MACKEY, W.F./SIGUAN, M. (1986), Education et bilinguisme. Lausanne.

MACNAMARA, J. (1967), Bilingualism in the Modern World. In: *Journal of social Issues* 23, 1–7.

MACNAMARA, J. (1967), The Bilingual Linguistic's Performance: a Psychological Overview. In: *Journal of Social Issues* 23, 58–77.

MATTEIS DE, M. (1978), Mehrsprachigkeit: Möglichkeiten und Grenzen. Frankfurt.

MC LAUGHLIN, B. (1978), Language Acquisition in Childhood. Hillsdale, N.J.

MC LAUGHLIN, B. (1984/85), Second Language Acquisition in Childhood: vol. 1: Pre-school Children, vol. 2: Schoolage Children. Hillsdale, N.J.

MEISEL, J. (Hg.) (1990), Two First Languages. Early Grammatical Development in Bilingual Children. Dordrecht.

NELDE, P.H. (1980), Langues en contact et en conflit. Wiesbaden.

OKSAAR, E. (1972), Bilingualism. In: SEBEOK, T.A. (Hg.), *Current Trends in Linguistics* 9, 476–511.

OVERBEKE VAN, M. (1972), Introduction au problème du bilinguisme. Bruxelles/Paris.

PAVLOVITCH, M. (1920), Le langage enfantin; acquisition du serbe et du français par un enfant serbe. Paris.

PINTER, R./ARSENIAN, S. (1937), The Relation of Bilingualism to Verbal Intelligence and School Adjustment. In: *Journal of Educational Psychology* 51, 255–263.

PORSCHE, D.C. (1983), Die Zweisprachigkeit während des primären Spracherwerbs. Tübingen.

RONJAT, J. (1913), Le développement du langage observé chez un enfant bilingue. Paris.

RUKE-DRAVINA, V. (1967), Mehrsprachigkeit im Vorschulalter. Lund.

SAER, D.J. (1923), The Effect of Bilingualism on Intelligence. In: *British Journal of Psychology* 14, 25–38.

SAUNDERS, G. (1982), Bilingual Children: Guidance for the Family. Clevedon.

SAUNDERS, G. (1988), Bilingual Children: From Birth to Teens. Clevedon.

SIMOES A. (1976), The Bilingual Child. Research and Analysis of Existing Educational Themes. New York.

SINGLETON, D.M. (1989), Language Acquisition: The Age Factor. Clevedon.

SKUTNABB-KANGAS, T. (1984), Bilingualism or not: The Education of Minorities. Clevedon.

SPOLSKY, B./COOPER, R.L. (Hg.) (1977), Frontiers of Bilingual Education. Rowley.

SPOLSKY, B./COOPER, R.L. (Hg.) (1978), Case Studies in Bilingual Education. Rowley.

STERN, C. und W. (1925), Die Kindersprache. Reprint Darmstadt 1975.

STERN, W. (1928), Über Zweisprachigkeit in der frühen Kindheit. In: *Zeitschrift für angewandte Psychologie* 30, 168–172.

TABOURET-KELLER, A. (1963), L'acquisition du langage parlé chez un petit enfant en milieu bilingue. In: *Problèmes psycholinguistiques* 5, 205–219.

TAESCHNER, T. (1983), The Sun is Feminine. A Study on Language Acquisition in Bilingual Children, Berlin/Heidelberg.

TITONE, R. (1947), Le bilinguisme précoce. Bruxelles.

WANDRUSZKA, M. (1979), Die Mehrsprachigkeit des Menschen. München-Zürich.

WEINREICH, U. (1977), Sprachen in Kontakt. München.

WEISGERBER, L. (1933), Zweisprachigkeit. Wieder abgedruckt in: WEISGERBER, L. (1964), Zur Grundlegung der ganzheitlichen Sprachauffassung. Aufsätze 1925–1933. Düsseldorf.

WEISGERBER, L. (1966), Vorteile und Gefahren der Zweisprachigkeit. In: *Wirkendes Wort* 16, 73–89.

WEISS, A. VON (1959), Hauptprobleme der Zweisprachigkeit. Heidelberg.

WHORF, B.L. (1963), Sprache, Denken, Wirklichkeit. Beiträge zur Metalinguistik und Sprachphilosophie. Hamburg.

WIECZERKOWSKI, W. (1965), Frühe Zweisprachigkeit. München.

11 Sachregister

(Die **fett gesetzten** Seitenzahlen verweisen auf ein **Schlüsselwort**)